W0209410

Testi, progettazione e realizzazioni cartotecniche: Roberta Paolini

Illustrazioni: Desiree Gedda
Fotografie: Mia Bertelli
Progetto grafico e impaginazione: Simona Dell'Orto/Gap
Redazione: Barbara Gentile

www.giunti.it

Via Bolognese, 165 - 50139 Firenze - Italia
Piazza Virgilio, 4 - 20123 Milano Italia

Prima edizione: settembre 2018

FSC
www.fsc.org
MISTO
Carta da fonti gestite in maniera responsabile
FSC® C016466

Stampato presso Lito Terrazzi srl, stabilimento di Iolo

Roberta Paolini

I MIEI GIOCHI VANNO A ROTOLI

TANTI GIOCHI DA FARE RICICLANDO

GIUNTI

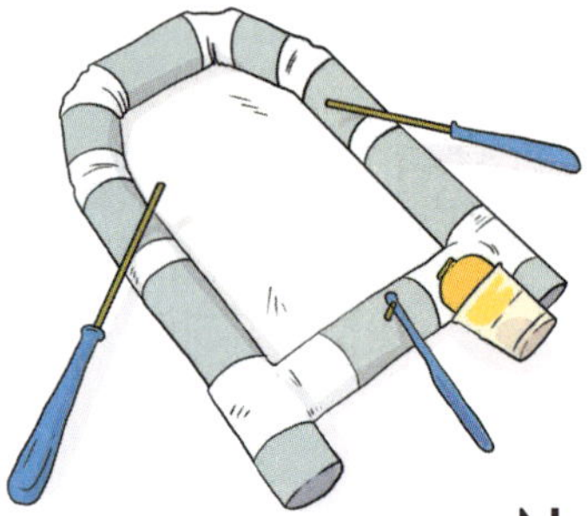

SOMMARIO

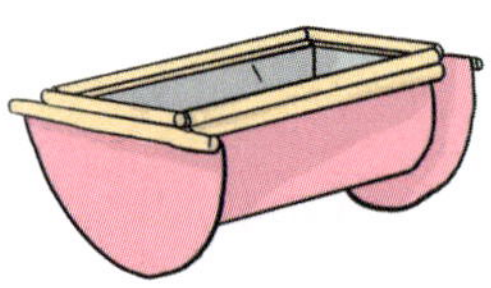

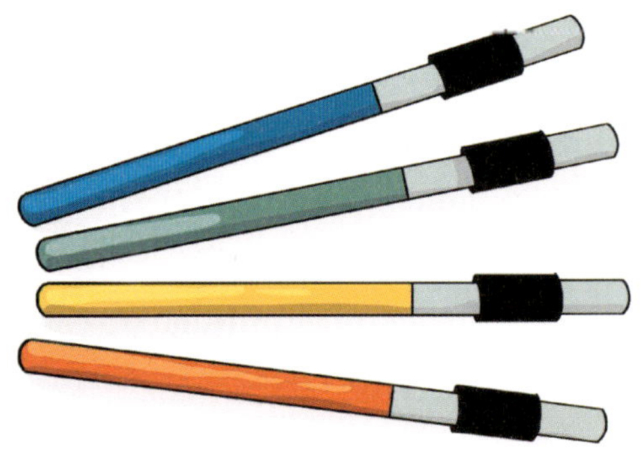

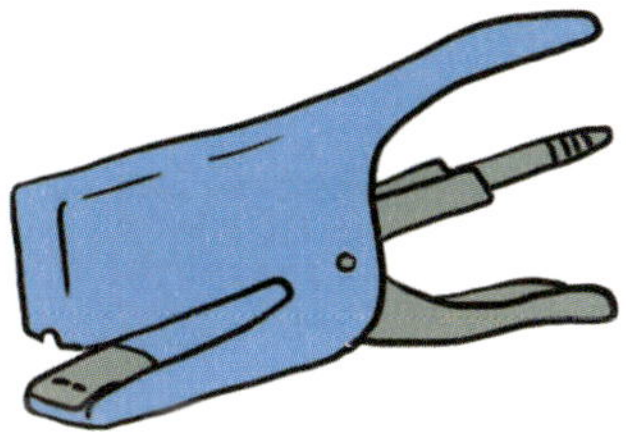

NON LO BUTTARE!

Costruire e riciclare in tutta semplicità!

Con questo libro imparerai a riciclare e a costruire tanti giochi in modo semplice e divertente a partire da oggetti di scarto molto facili da trovare in casa.

La semplicità è alla base di tutto il libro

Sarà semplice reperire il materiale necessario alla tua realizzazione perché ti serviranno quasi esclusivamente rotoli di cartone di carta asciugatutto, di carta igienica e pezzi di cartone. Finita la fase di ricerca e raccolta del materiale potrai dedicarti immediatamente alla realizzazione: montare e assemblare insieme i pezzi di base (i tuoi rotoli) per realizzare un gioco o un oggetto tutto nuovo. Trattandosi di materiali di cartoncino, potrai utilizzare colla e cucitrice e, nella maggior parte dei casi, fare tutto da solo! Una volta finito di costruire potrai passare a decorare le tue opere. Il tuo nuovo gioco sarà fatto tutto in carta e cartoncino di colore uniforme e lo potrai colorare facilmente con tempere ad acqua, acrilici o pennarelli.

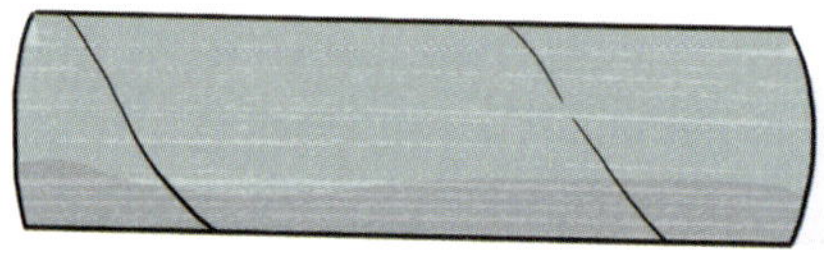

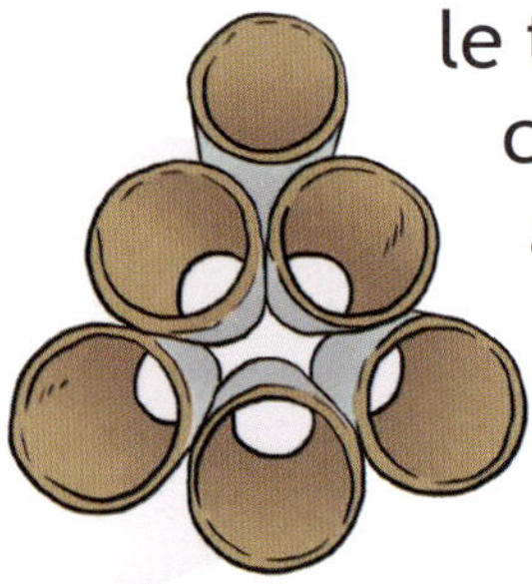

Vedere i rotoli con occhi diversi

Se finora i rotoli che vedevi in casa erano solo i pezzi di scarto della carta asciugatutto o della carta igienica, da oggi potrai vederli con occhi diversi! Saranno alberi ombrosi per il tuo relax, mattoncini di ghiaccio per realizzare un igloo o pezzi per assemblare un gommone. Segui le istruzioni di questo libro per realizzare i 20 oggetti proposti oppure scatena la tua fantasia per crearne tanti nuovi tutti tuoi!
Ricordati che per giocare non è necessario comprare sempre cose nuove. Puoi costruire tutto quello che ti serve utilizzando, assemblando e decorando materiale di riciclo che hai già in casa e che butteresti via. Costruire riciclando è un po' come inventare: puoi immaginare e realizzare tutti i giochi che vuoi scatenando la tua fantasia e... a costo zero!

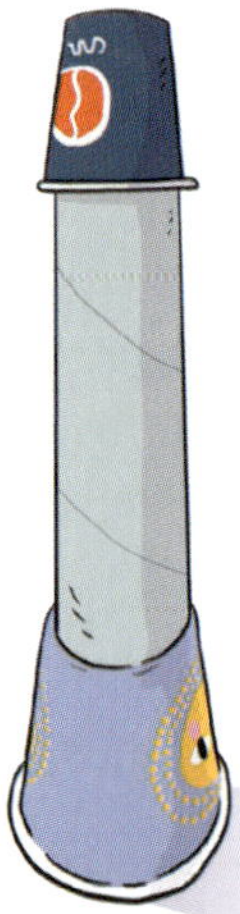

Se ti manca qualche rotolo non fermarti!

Ricordati che i rotoli sono dei cilindri di carta o cartoncino. Non arrenderti se te ne manca qualcuno per realizzare la tua creazione, puoi semplicemente arrotolare del cartone leggero - anche di riuso che trovi in casa (ad esempio quello delle confezioni di biscotti o della pasta) - e proseguire nel tuo divertimento.
Se un passaggio ti sembra complicato, semplificalo a modo tuo.
Se un passaggio non è chiaro, saltalo! Il risultato sarà comunque sorprendente, e soprattutto... sarà il tuo!
Costruisci e gioca insieme ai tuoi amici: sarà ancora più divertente!
Quando qualcosa non ti torna, chiedi aiuto a un adulto.
Ingegnati ma soprattutto... divertiti!

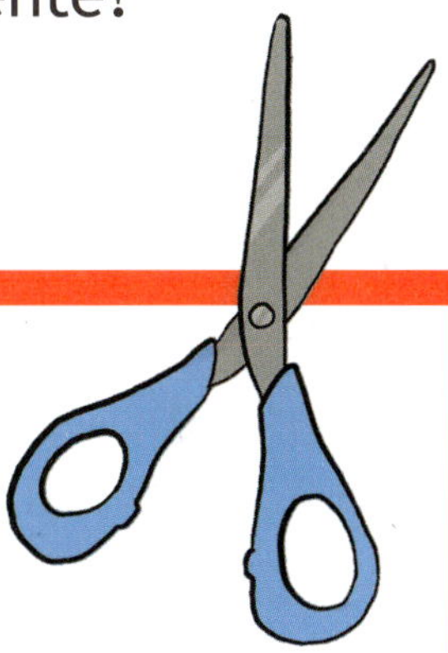

Quando devi tagliare, chiama sempre un adulto!

Le forbici con le punte
Sono quelle per la manicure, servono per fare piccoli fori e incisioni.

Le forbici
Se non hai necessità di quelle da manicure, usa sempre quelle con le punte tonde!

Il trincetto
Serve per tagliare materiali un po' duri come il cartone.

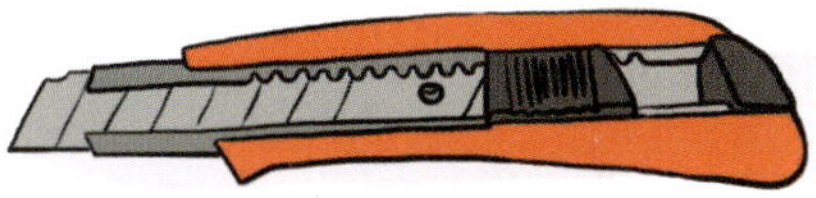

Quando devi incollare, ricorda che:

La colla a caldo
È la colla migliore perché la sua presa è immediata e resistente.
Non toccare mai la colla a caldo appena posata e fatti sempre aiutare da un adulto quando la usi perché può essere pericolosa, ustiona!

L'attaccatutto
Dopo la colla a caldo, è la colla migliore, devi solo avere la pazienza di attendere che si sia asciugata. Blocca le cose incollate con mollette per i panni o piccoli pesi in modo da facilitarne la presa. Non incollarti le dita!

La colla vinilica
È la colla perfetta per il cartone, per stenderla bene usa un pennello.

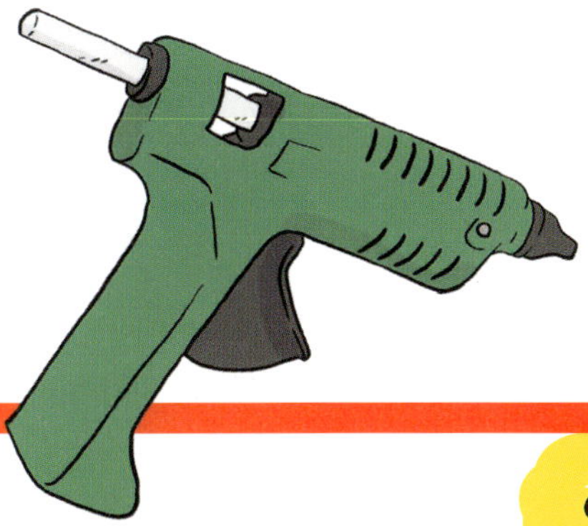

La colla stick
È la colla perfetta per la carta, è pratica e fa subito presa.

L'IGLOO

Fai un viaggio nell'Artico e conosci il popolo degli Eschimesi, ti insegneranno a costruire le loro tradizionali abitazioni con ghiaccio e neve. Scoprirai che dentro all'igloo la temperatura è perfetta!

OCCORRENTE

- 1 pezzo di cartone
- tanti rotoli della carta asciugatutto o della carta igienica
- 1 rotolo dal diametro più grande (ad esempio della carta asciugatutto maxi)
- cotone idrofilo

STRUMENTI

- trincetto
- forbici
- colla a caldo
- colla stick
- colla vinilica
- righello
- matita
- ciotola (diametro circa 20 cm)
- pennello

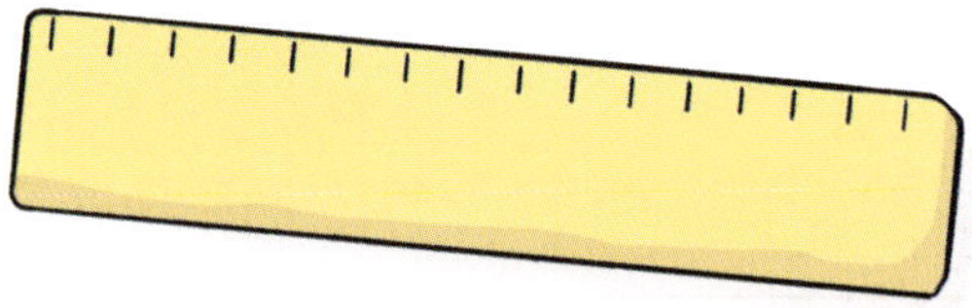

DIFFICOLTÀ ★★★★

PER DECORARE E COLORARE

- tempera ad acqua o acrilico: bianco, celeste

LA CALOTTA SI APRE!

1

Su un pezzo di cartone disegna un cerchio aiutandoti con una ciotola o un coperchio del diametro di circa 20 cm.

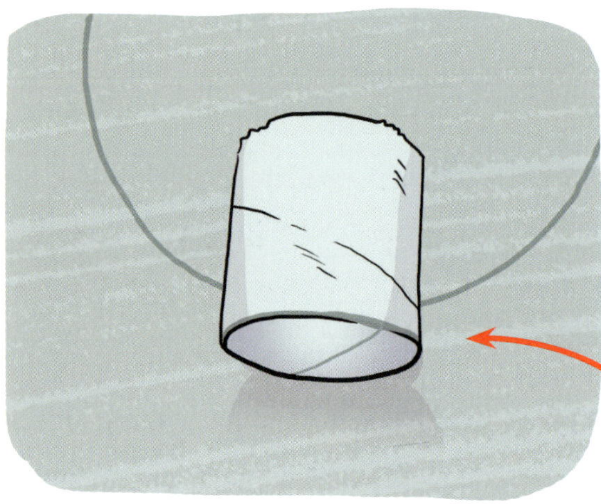

2

Con il trincetto taglia il rotolo dal diametro maggiore per ottenere un pezzo lungo circa 10 cm. Sarà il tunnel di ingresso dell'igloo.

3

Dividi diversi rotoli in pezzi di lunghezza variabile di 3-4-5 cm. Saranno i tuoi blocchi di ghiaccio per costruire l'igloo.

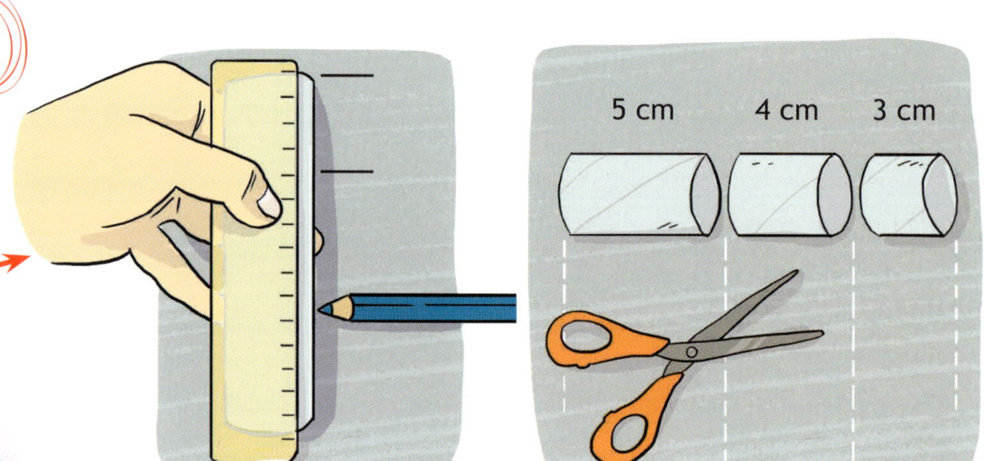

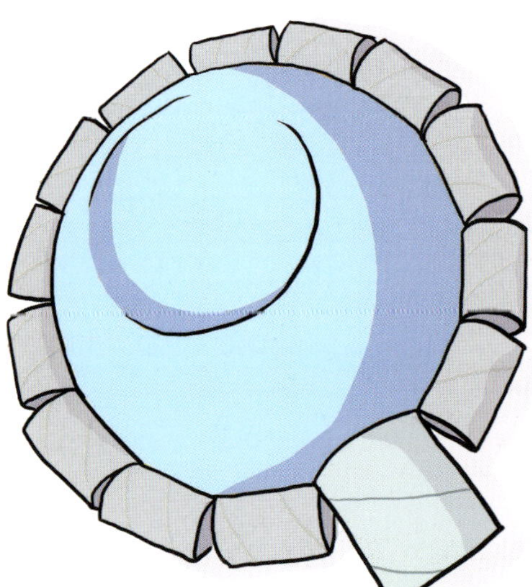

4

Appoggia nuovamente la ciotola sul perimetro dell'igloo. Disponi sul cartoncino, seguendo i fianchi della ciotola, la prima fila di blocchi dell'igloo e il tunnel di ingresso senza incollarli alla base.

5

Sempre seguendo i fianchi della ciotola incolla con la colla a caldo i due successivi strati di mattoncini (il 2° e il 3°). Incolla il 4° strato utilizzando della colla stick, poi prosegui incollando con la colla a caldo gli strati successivi fino a formare la cupola dell'igloo.

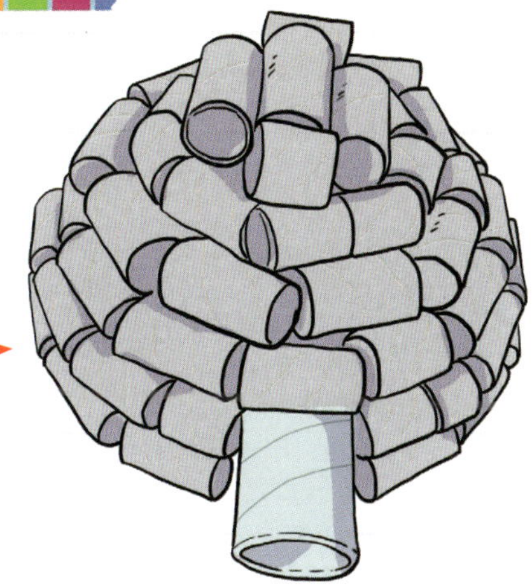

6

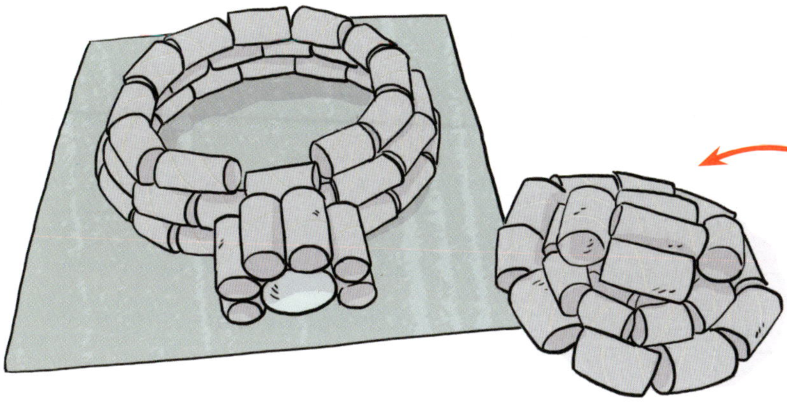

Terminata la costruzione, stacca la parte che hai incollato con la colla a stick e che non avrà ancora fatto presa. Il tuo igloo potrà aprirsi, così lo utilizzerai meglio nei tuoi giochi. Adesso rimuovi la ciotola e incolla il primo strato al cartone, poi ricopri anche il tunnel con dei pezzetti di rotolo che incollerai con la colla a caldo.

7

Riempi gli spazi vuoti tra un blocchetto e un altro con del cotone idrofilo, incollandolo con della colla vinilica distribuita con un pennello.

8

Adesso colora il tuo igloo! Utilizza un pennello per stendere la tempera o il colore acrilico su tutta la superficie.

IL RAZZO SPAZIALE

Pronto per un'esplorazione ai confini dell'Universo? Costruisci il tuo razzo spaziale, accendi i motori e parti per una grande avventura!

OCCORRENTE

- 1 rotolo della carta asciugatutto maxi (oppure normale)
- 2 rotoli della carta alluminio o della pellicola alimentare
- 1 pezzo di polistirolo spesso circa 1 cm (altrimenti puoi utilizzare del cartone)
- 1 bicchierino di carta
- 6 mini bicchierini di plastica (o 6 ovetti di plastica porta sorpresine)
- 1 ovetto di plastica porta sorpresine

STRUMENTI

- trincetto
- colla a caldo o attaccatutto

PER DECORARE E COLORARE

- tempera ad acqua o acrilico: rosso, arancione e giallo per il fuoco dei motori, del colore che preferisci per il razzo
- nastro adesivo metallizzato

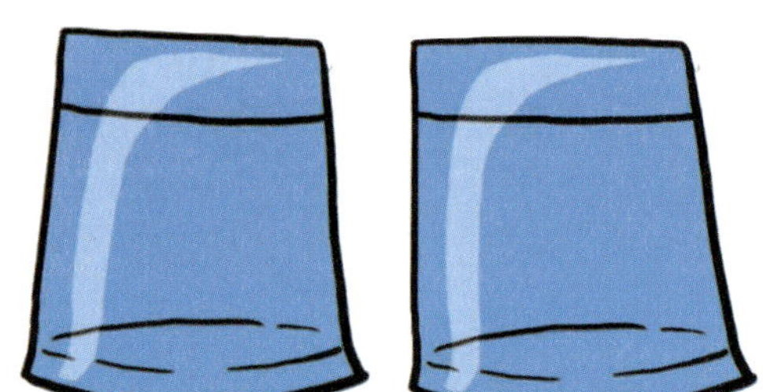

1

Con il trincetto
dividi a metà 2 rotoli
della carta alluminio
(o della pellicola
alimentare).
Ti serviranno 3
dei pezzi così ottenuti.

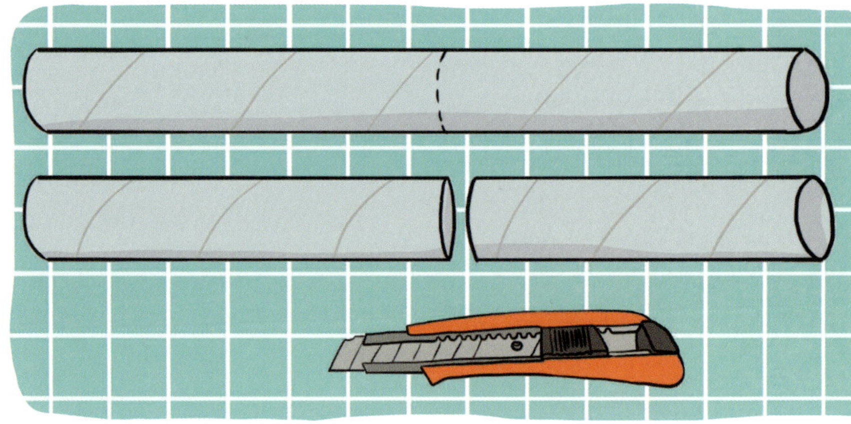

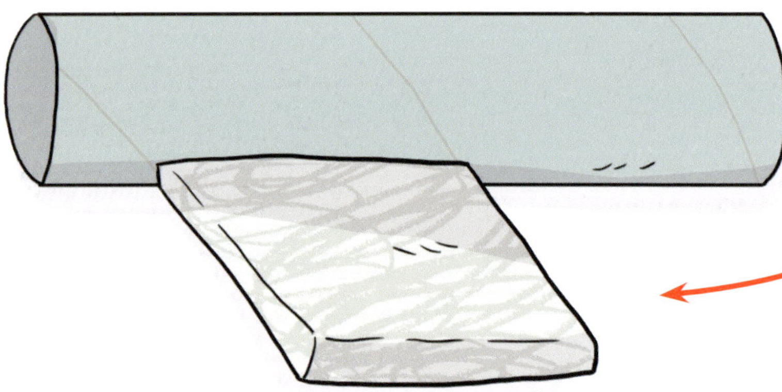

2

Taglia il polistirolo
per ottenere 3 elementi
a forma di rombo come
quello indicato in figura,
con il lato lungo di circa
7 cm.

3

Incolla con la colla
a caldo i 3 pezzi ottenuti
alla base di un rotolo
della carta asciugatutto.
Saranno i motori
del razzo spaziale.

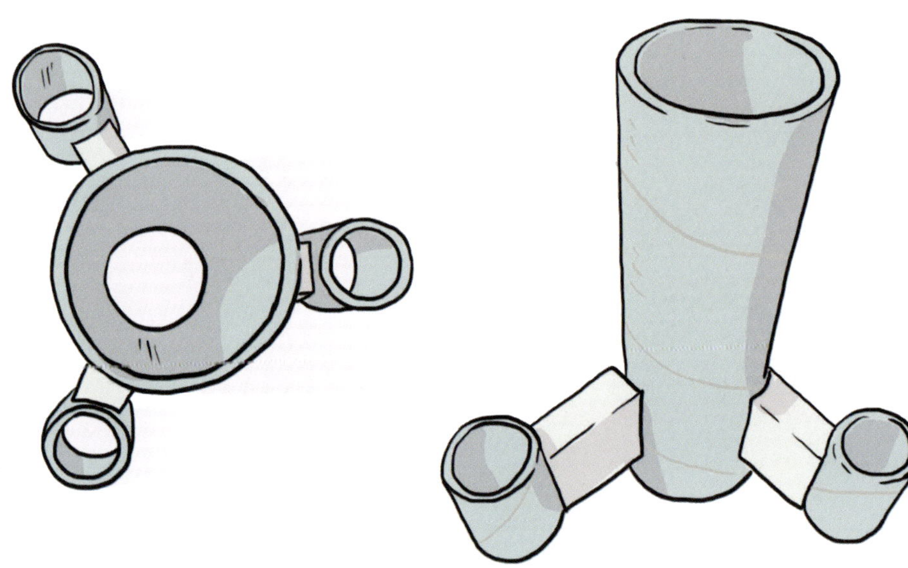

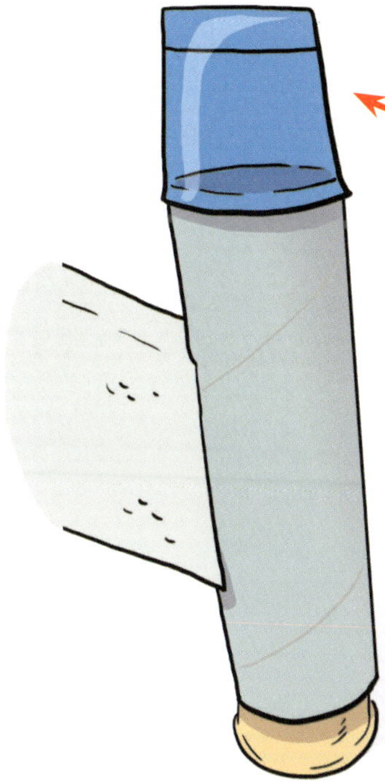

4

Incolla un mini bicchierino sotto e sopra ogni motore del razzo spaziale.

5

Incolla la metà più piccola di un ovetto porta sorpresine a un bicchierino di carta, poi incolla il pezzo così ottenuto sulla cima del razzo.

6

Una volta colorato decora il tuo razzo con del nastro adesivo metallizzato.

LA TORTA DI COMPLEANNO

Prepara questa torta di compleanno ai gusti che preferisci, metti le candeline, canta tanti auguri e festeggia il tuo compleanno, quello dei tuoi amici e quello delle tue bambole ogni volta che ti va!

OCCORRENTE

- 36 rotoli della carta igienica o 18 rotoli della carta asciugatutto che dividerai a metà (puoi realizzare il progetto anche con 18 rotoli della carta igienica o 9 della carta asciugatutto, in questo caso i tuoi spicchi saranno formati da 3 rotoli ciascuno)
- altri rotoli della carta igienica (numero a piacere, ti serviranno per le candeline)
- stuzzicadenti (in numero doppio rispetto alle candeline)
- 1 cartoncino

STRUMENTI

- trincetto
- forbici
- colla vinilica o attaccatutto
- colla a caldo
- ciotola
- matita

DIFFICOLTÀ ★★

PER DECORARE E COLORARE

- tempera ad acqua o acrilico: giallo, rosso, arancione per le fiammelle; del colore che preferisci per la torta e per le candeline

TAGLIA IL TUO SPICCHIO!

1

Con la colla vinilica o con l’attaccatutto incolla 6 rotoli come in figura per formare uno spicchio della torta. Ripeti l'operazione per altre 5 volte.

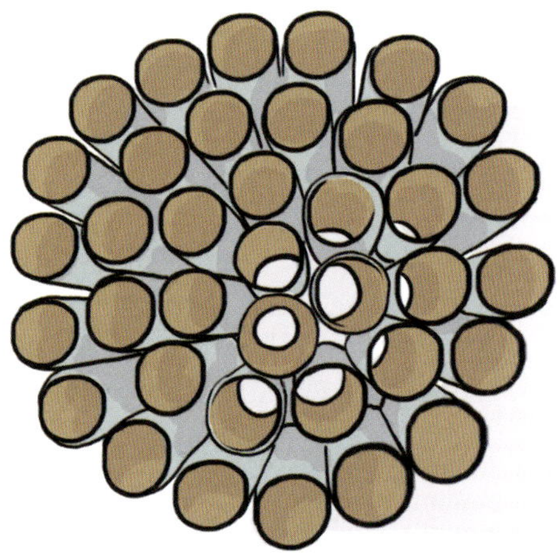

2

Prima che la colla faccia presa, sistema i 6 spicchi ottenuti per formare la torta e aggiusta i rotoli con le mani, in modo da ottenere una forma più rotonda possibile. Aiutati con una ciotola delle dimensioni della tua torta per dare la forma migliore.

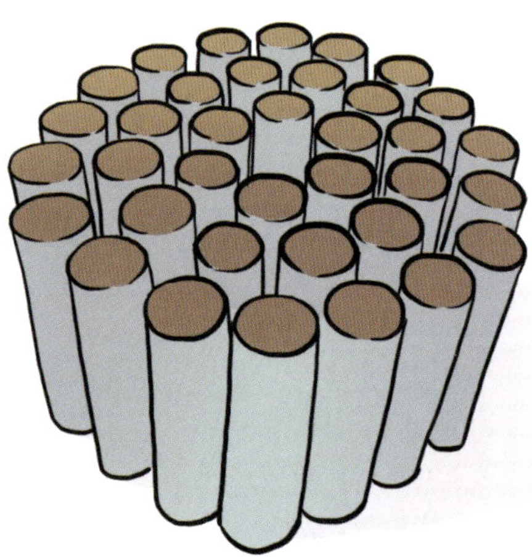

3

Disegna un cerchio sul cartoncino che abbia il diametro simile alla tua torta (puoi servirti della bacinella precedentemente usata per ottenere la forma della torta).

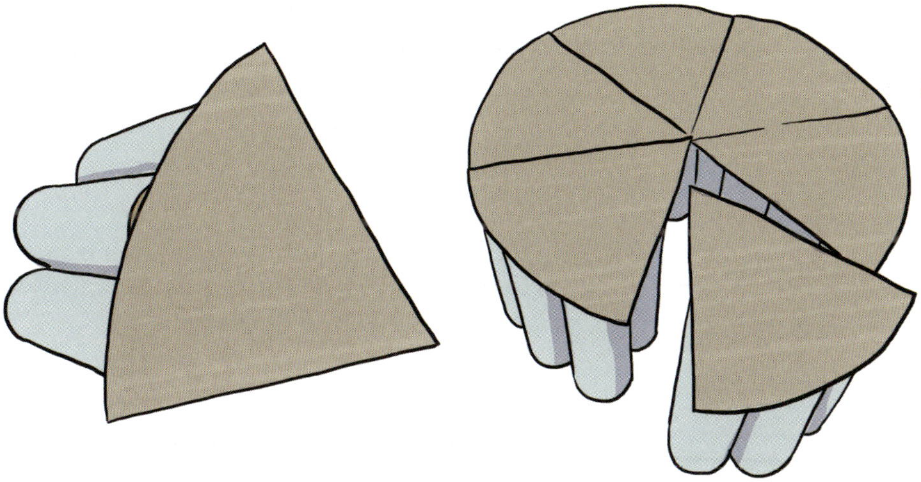

4

Ritaglia il cerchio di cartone in modo da ottenere 6 spicchi, poi incolla ciascun pezzo su uno spicchio di rotoli usando la colla a caldo o l'attaccatutto.

5

Realizza una candelina attaccando con la colla a caldo 2 stuzzicadenti all'interno di un rotolo di carta igienica, che intaglierai 2 volte nella parte superiore. Disegna una fiammella come quella in figura, ritagliala e inseriscila nei 2 intagli. Ripeti per il numero di candeline che vuoi ottenere.

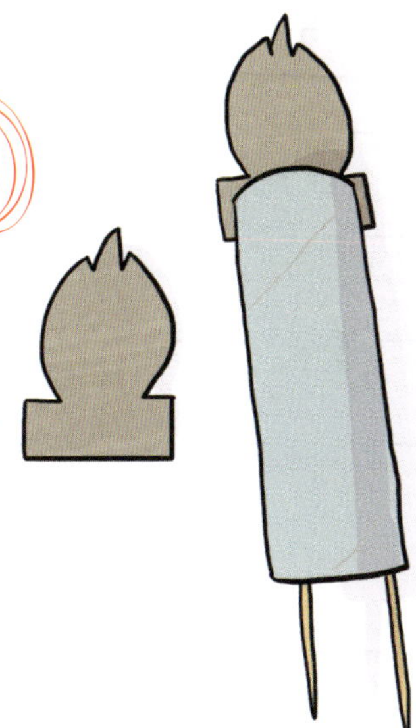

6

Inserisci le candeline nella torta.

7

Adesso scegli i colori che preferisci per decorare la tua torta!

LA ZATTERA

Cosa faresti se naufragassi su un'isola deserta?
Realizza questa zattera e saprai come cavartela! Non dimenticarti di costruire un remo, spiega la vela, salpa, esplora i dintorni, pesca il tuo cibo o mettiti in viaggio per fare ritorno alla civiltà.

OCCORRENTE

- 6 rotoli della carta asciugatutto (o dell'alluminio o della pellicola alimentare) tutti della stessa misura
- 3 bastoncini di legno da arrosto
- 1 paletta del ghiacciolo
- 1 foglio di carta bianco
- spago

STRUMENTI

- trincetto
- forbici con le punte
- colla a caldo
- limetta o carta abrasiva

DIFFICOLTÀ ★★★★

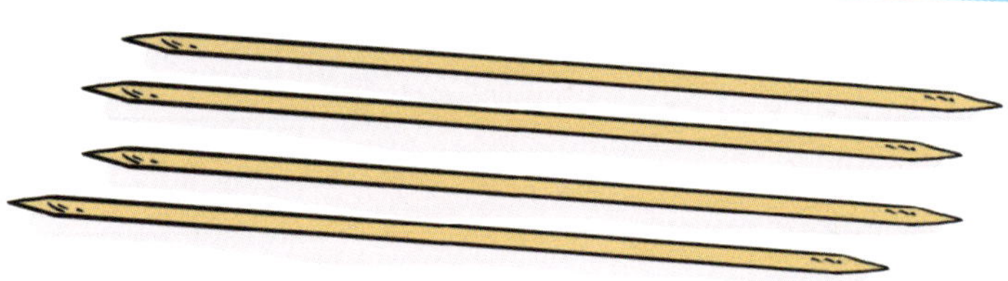

PER DECORARE E COLORARE

- rametti di legno
- tempera ad acqua o acrilico: marrone, bianco, giallo

1

Con il trincetto taglia da un rotolo un pezzetto pari alla dimensione del diametro del rotolo stesso.

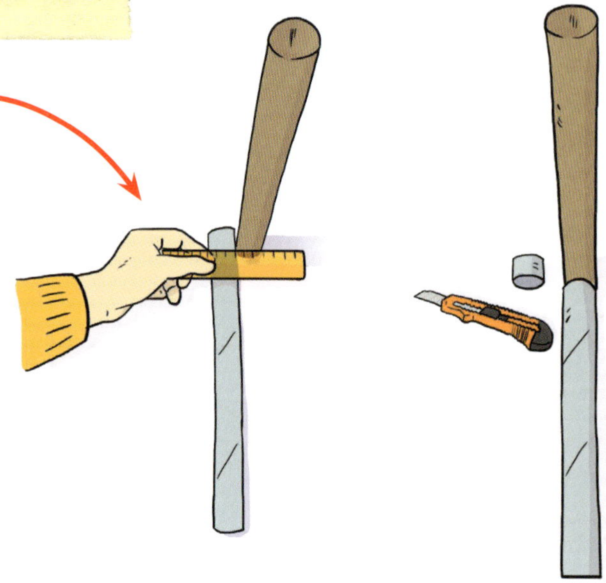

2

Dividi a metà il rotolo da cui hai precedentemente tagliato un pezzetto.

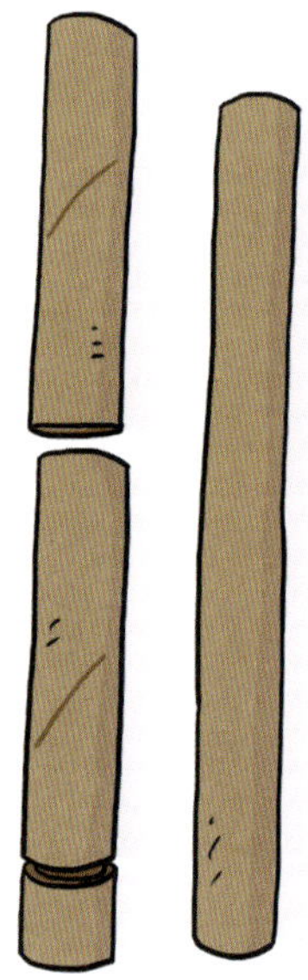

3

Con la colla a caldo unisci 4 rotoli interi e le 2 metà come in figura; non mettere la colla vicino alle estremità dei rotoli. Otterrai la base della tua zattera.

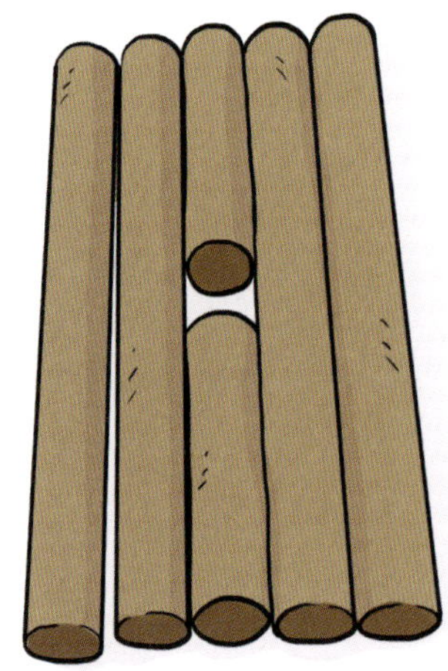

4

Incolla anche il rotolo-albero della zattera nello spazio lasciato vuoto dalle 2 metà.

5

Passa dello spago alle estremità dei rotoli incollati e fora con delle forbici con le punte l'estremità dell'albero come indicato in figura.

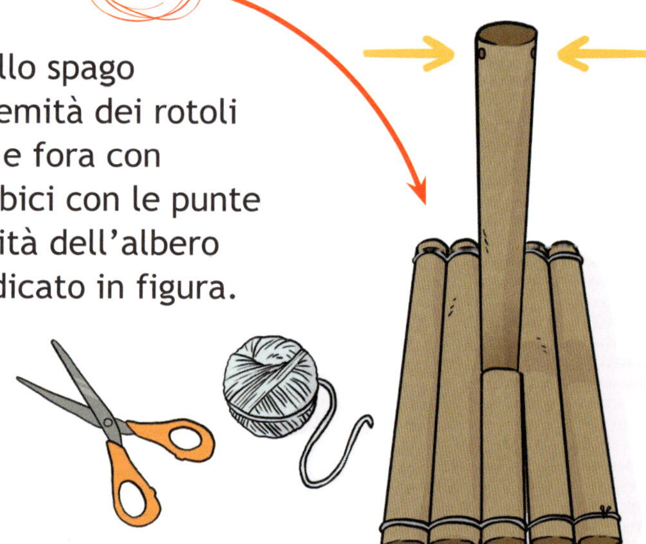

7

Dividi a metà un bastoncino da arrosto e taglia in due parti non uguali tra loro una paletta del ghiacciolo, poi incolla la metà del bastoncino e il pezzo più piccolo della paletta per ottenere un remo.

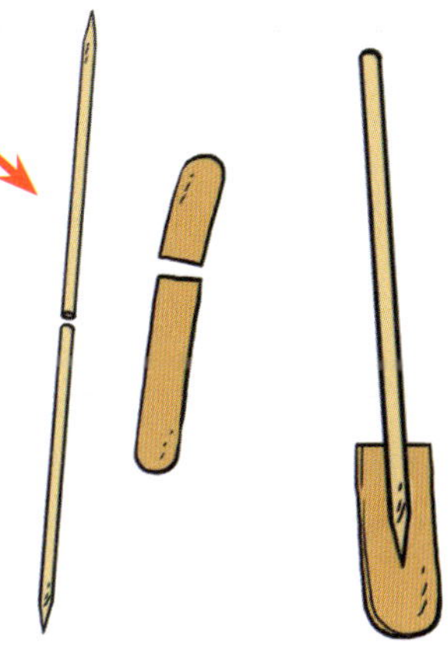

6

Taglia un pezzetto da un bastoncino da arrosto in modo da ottenere un bastoncino lungo quanto la zattera, poi lima l’estremità tagliata. Ripeti un’altra volta. Da un foglio di carta bianco ritaglia un quadrato largo quanto la zattera e incollaci sopra i 2 bastoncini per ottenere una vela.

Fai passare dello spago nei fori dell’albero e fermalo ai bastoncini della vela. Adesso lega altro spago in fondo all’albero per fermare la vela anche in basso.

8

9

Colora la tua zattera e per decorarla attacca dei rametti alla base così da rendere tutto più realistico.

L'ARCOBALENO IN CASA

Fuori piove a dirotto? C'è nebbia e dalla finestra non si vede niente? Ora puoi rallegrare la tua cameretta con un arcobaleno colorato tutto tuo! La sua allegria non ti lascerà mai!

OCCORRENTE

- circa 45 rotoli della carta igienica (o della carta asciugatutto da dividere a metà)
- 1 cartoncino bristol celeste
- 1 pezzo di cartone rigido leggermente più grande del cartoncino bristol

STRUMENTI

- trincetto
- forbici
- colla a caldo
- matita
- coperchio (diametro circa 30 cm)

DIFFICOLTÀ ★★

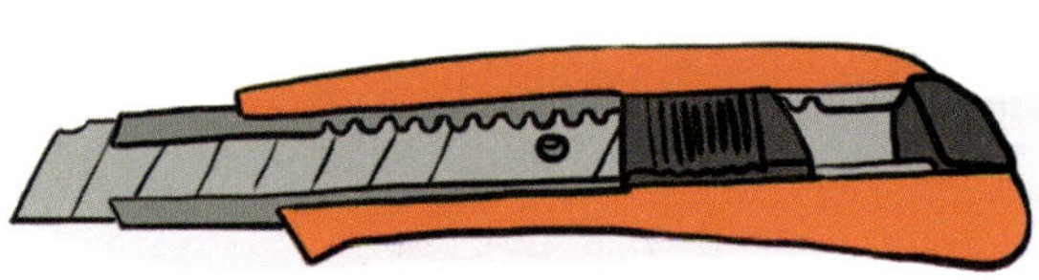

PER DECORARE E COLORARE

- tempera ad acqua o acrilico: viola, blu, celeste, verde, giallo, arancione, rosso

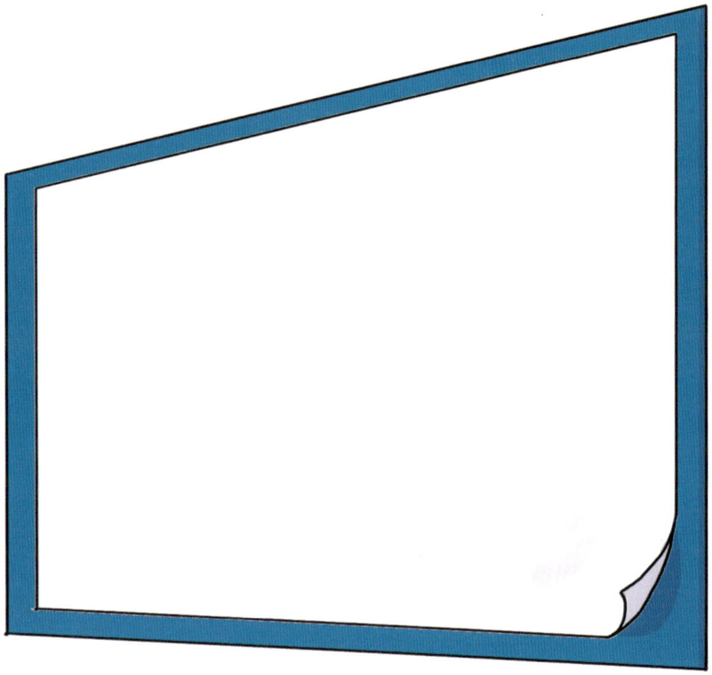

1

Incolla il cartoncino bristol
sul cartone rigido (se vuoi ottenere
l'effetto di una cornice, prima
di iniziare puoi colorare i bordi
del cartone).

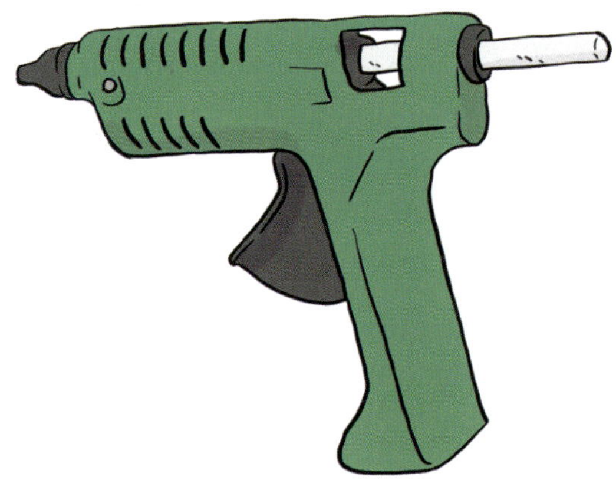

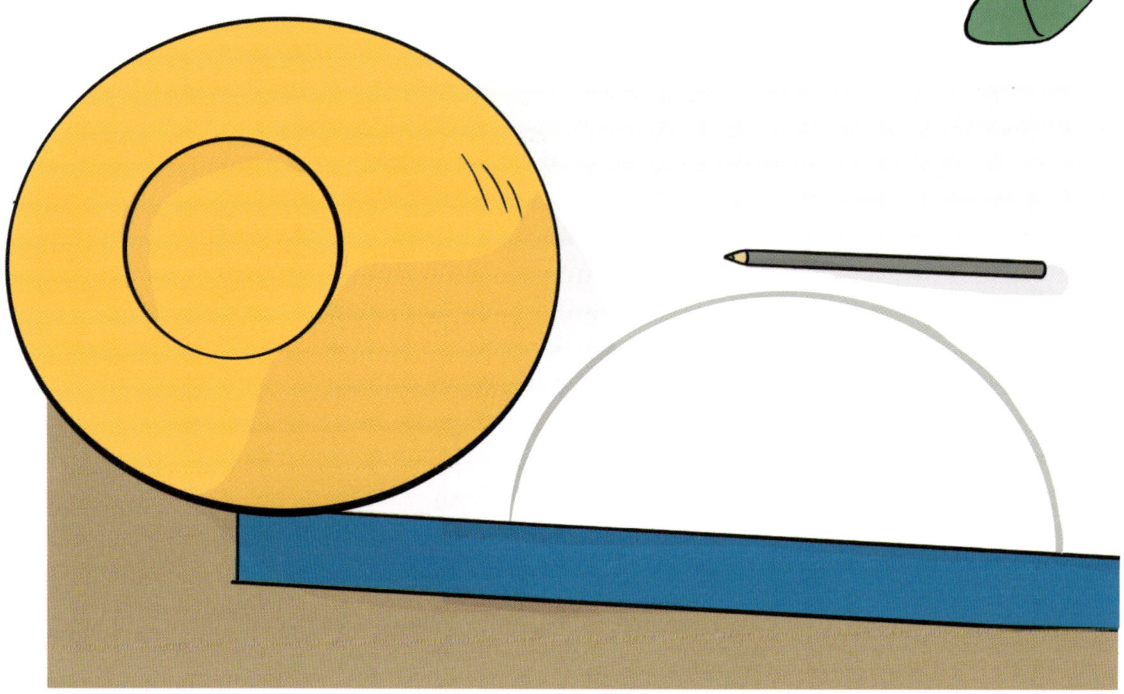

2

Disegna un arco sul cartoncino aiutandoti con un coperchio
o con una ciotola dal diametro di circa 30 cm.

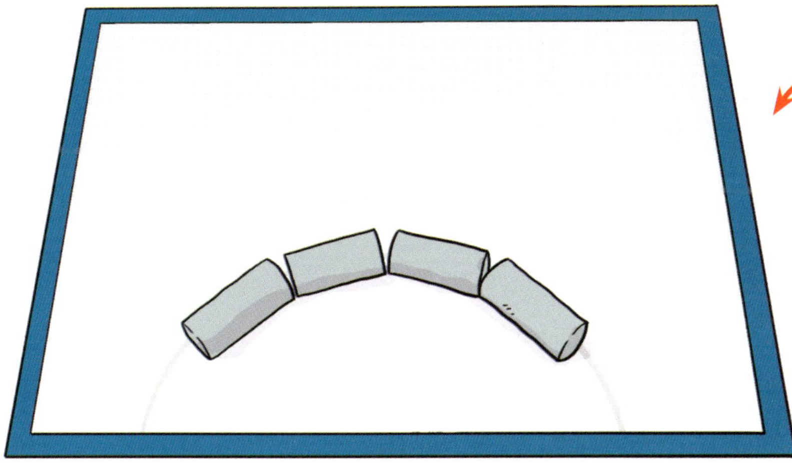

3

Utilizza la colla a caldo per incollare la prima fila di rotoli sul tracciato dell'arco.

4

Incolla altre file di rotoli fino ad avere un totale di 7 archi. Per ottenere la lunghezza giusta, alla fine di ogni arco potresti aver bisogno di sistemare rotoli di dimensioni più piccole.

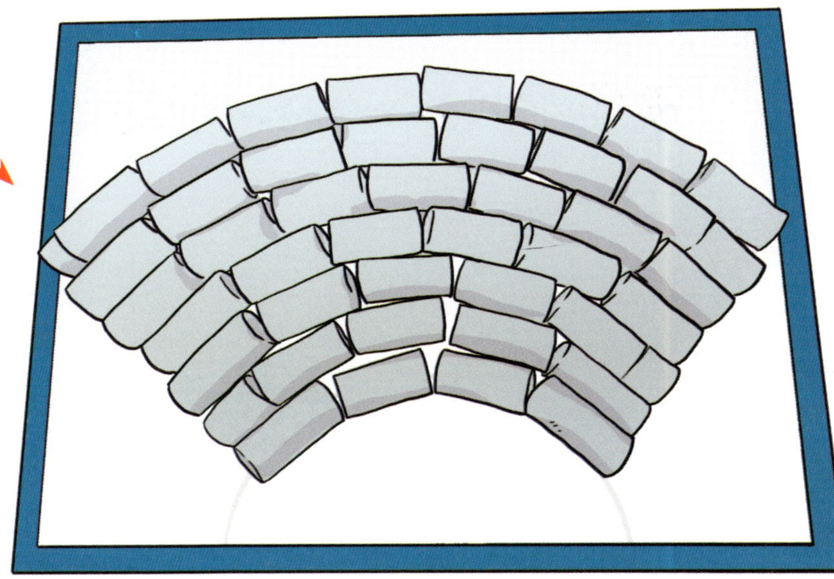

5

Usa i sette colori dell'arcobaleno per decorare la tua allegra creazione!

IL GOMMONE

Realizza il tuo gommone, accendi il motore e parti per esplorare le bellezze marine! Non dimenticarti di fermarti, fare un tuffo e ammirare le bellezze del mondo subacqueo.

OCCORRENTE

- 1 cartoncino A4
- alcuni rotoli della carta asciugatutto o della pellicola alimentare o della carta alluminio
- 2 bastoncini da arrosto di legno
- 3 palette del gelato
- 1 mini bicchierino
- 1 ovetto di plastica porta sorpresine

STRUMENTI

- trincetto
- forbici
- forbici con le punte
- colla a caldo
- nastro isolante
- limetta o carta abrasiva

DIFFICOLTÀ ★★★

PER DECORARE E COLORARE

- tempera ad acqua o acrilico del colore che preferisci

1

Ritaglia una forma come quella indicata in figura da un cartoncino A4. Sarà la base del gommone.

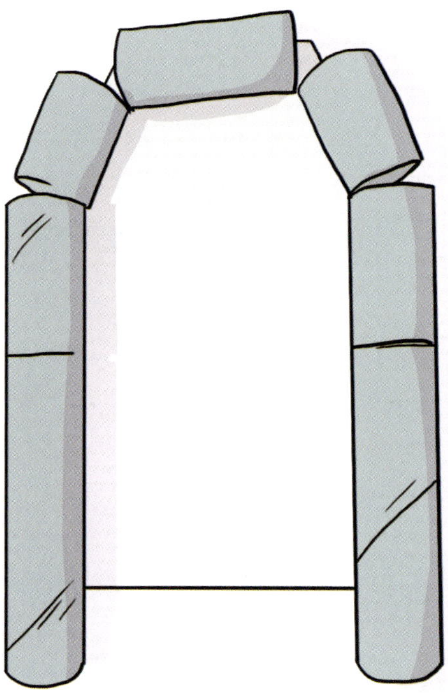

2

Con il trincetto taglia dei pezzi dai rotoli di cartone in modo da coprire tutto il contorno della base del gommone. Avrai bisogno di pezzi più lunghi e di pezzi più corti per seguire con precisione il perimetro.

3

Da un altro rotolo taglia con il trincetto 2 pezzetti come quello in figura, poi incollali al resto della costruzione.

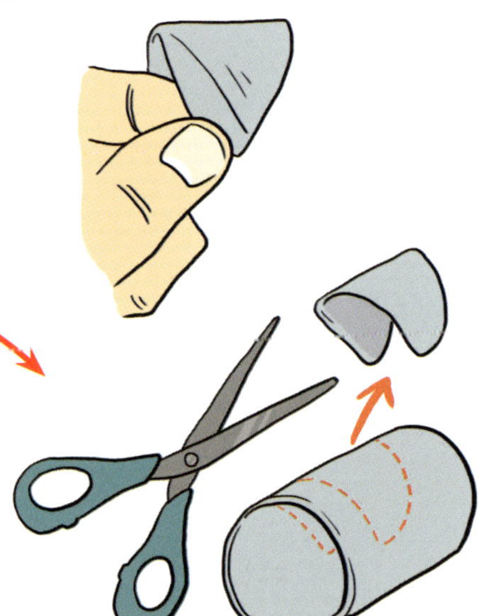

4

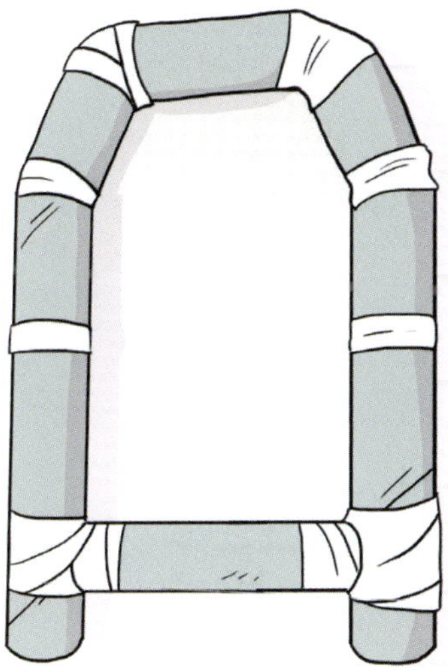

Con del nastro isolante copri gli spazi rimasti vuoti tra un rotolo e l'altro.

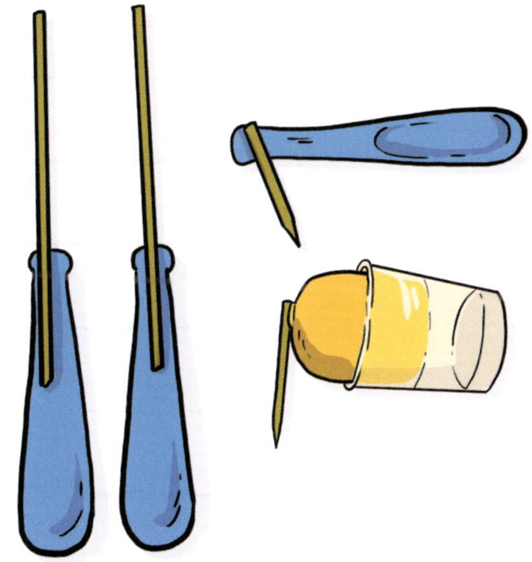

5

Dividi a metà un bastoncino da arrosto; ottieni 2 parti appuntite da un altro bastoncino. Lima le estremità. Incolla una paletta da gelato a 3 dei pezzetti ottenuti, otterrai 2 remi e un timone. Incolla un bicchierino e la metà di un ovetto porta sorpresine, poi incolla al pezzo ottenuto l'ultimo pezzetto di bastoncino con la punta; otterrai così il motore del gommone.

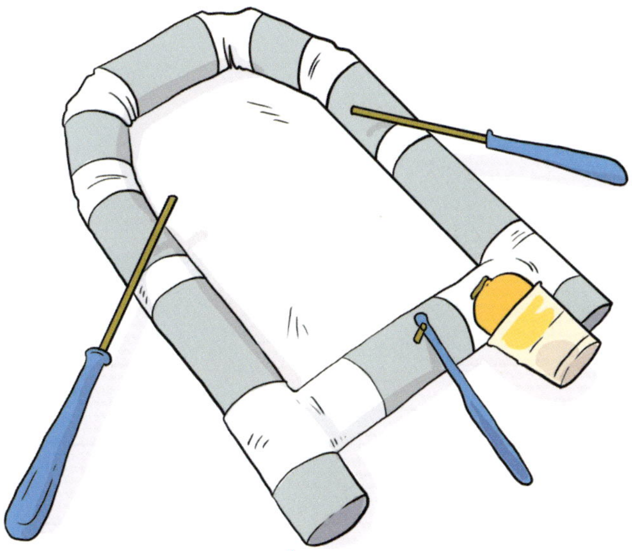

6

Inserisci il timone a metà del rotolo terminale del gommone e il motore accanto al timone; aiutati con delle forbici con le punte per fare il foro. Sistema i remi.

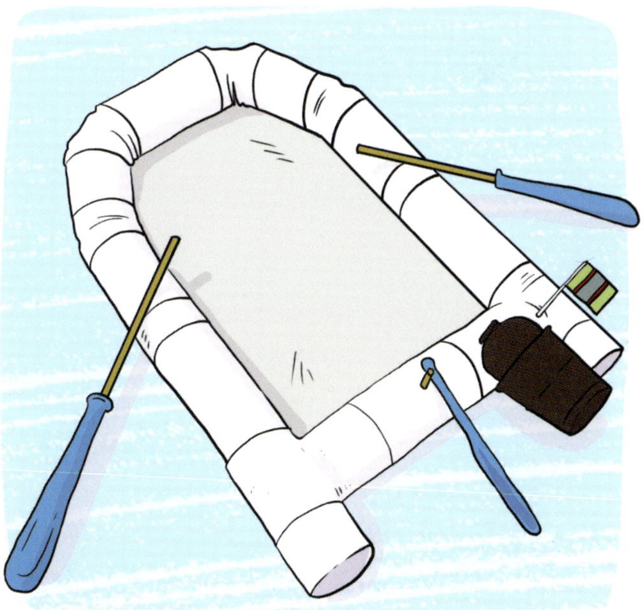

7

Puoi colorare il tuo gommone con i colori che più ti piacciono.

LE SPADE LASER

Ti piacciono le avventure stellari? Allora non puoi fare a meno della tua spada laser. Costruiscila per te e per i tuoi amici e insieme date vita a tante storie spaziali!

OCCORRENTE

- 1 rotolo lungo (ad esempio l'interno dei rotoli della carta da regalo) per ogni spada
- 1 rotolo della carta igienica dal diametro più ampio di quello del rotolo lungo
- plastica colorata trasparente di quella che si usa per ricoprire i libri scolastici (in vari colori per realizzare tante spade diverse)
- plastica da imballaggio pluribal

STRUMENTI

- forbici
- attaccatutto
- nastro adesivo
- nastro isolante largo argentato

DIFFICOLTÀ

PER DECORARE E COLORARE

- tempera ad acqua o acrilico: nero

1

Rivesti un rotolo lungo con della plastica colorata trasparente, incollandola al rotolo con dell'attaccatutto.

2

Rivesti un'estremità della spada con delle strisce di nastro isolante argentato, sarà l'impugnatura.

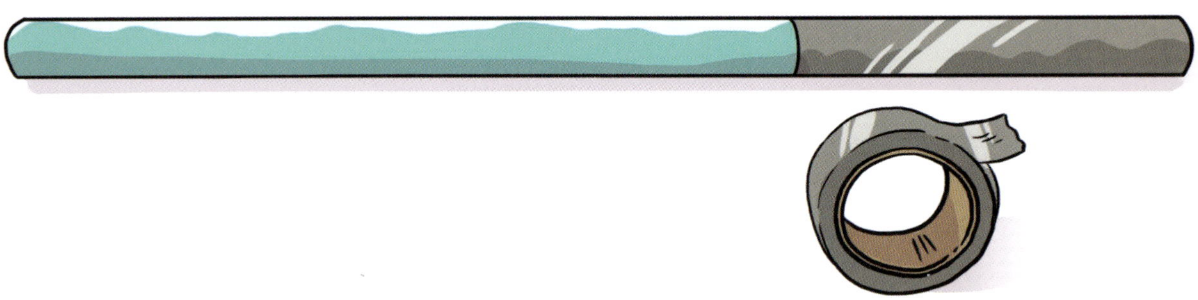

3

Taglia una striscia di carta da imballaggio pluriball e rivesti la parte centrale dell'impugnatura, fermandola con del nastro adesivo.

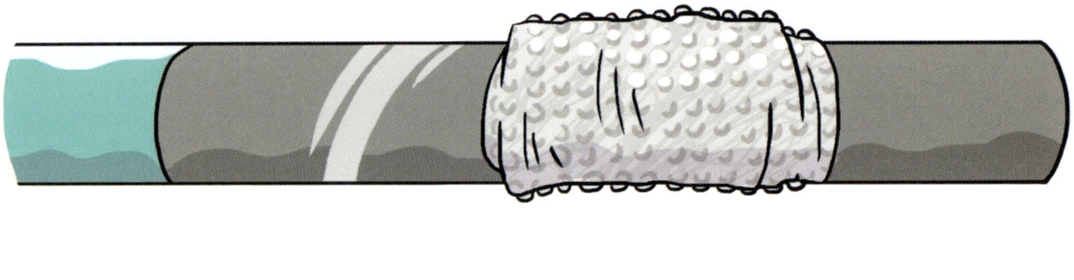

4

Incastra il rotolo dal diametro maggiore nell'impugnatura.

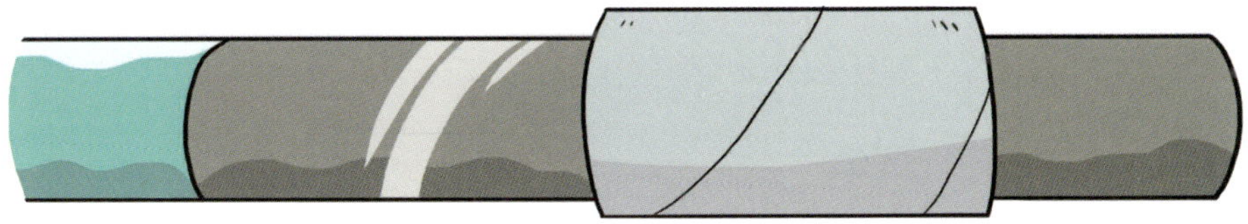

5

Ripeti tutto il procedimento
tante volte quante sono
le spade laser che vuoi ottenere.

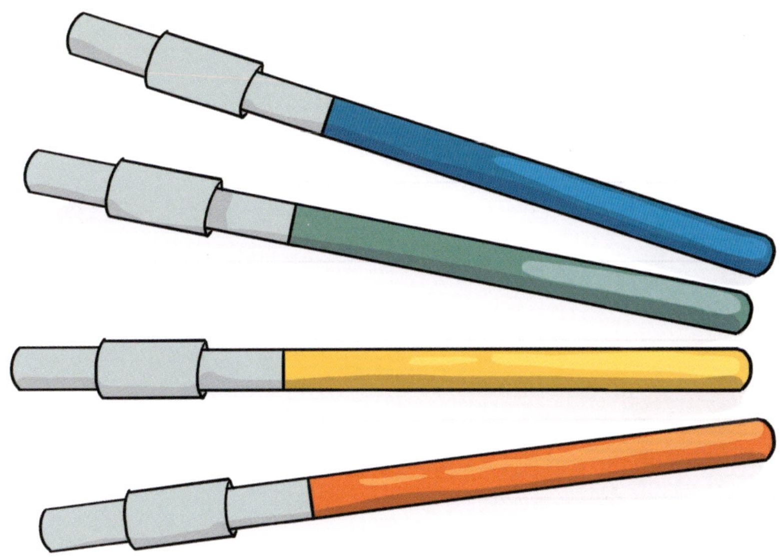

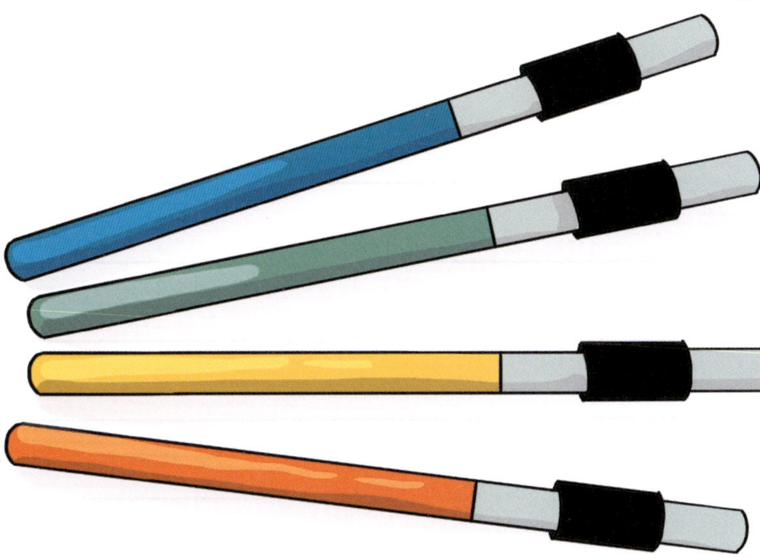

6

Dipingi di nero la parte
centrale dell'impugnatura
e decora con del nastro
isolante argentato.

IL BINOCOLO

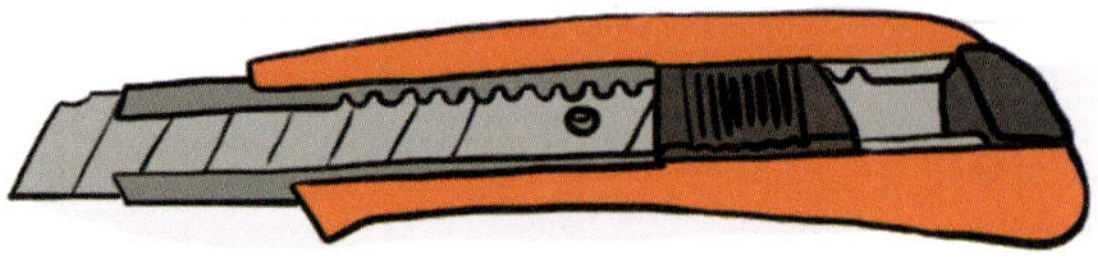

Per riconoscere da lontano i silenziosi animali di montagna, per ammirare i grossi felini della savana africana, per avvistare terra se sei in viaggio sul mare... il binocolo è uno strumento indispensabile! Portalo sempre con te e inventa avventure sempre nuove!

OCCORRENTE

- 2 rotoli della carta asciugatutto
- 1 rotolo della carta alluminio o della pellicola alimentare
- 2 tazzine da caffè di plastica

STRUMENTI

- forbici
- forbici con le punte
- trincetto
- colla a caldo o attaccatutto

PER DECORARE E COLORARE

- tempera ad acqua o acrilico: verde, marrone, nero, giallo

E
S
O
N

1

Con il trincetto taglia 2 rotoli della carta asciugatutto per ottenere 2 pezzi lunghi circa 20 cm.

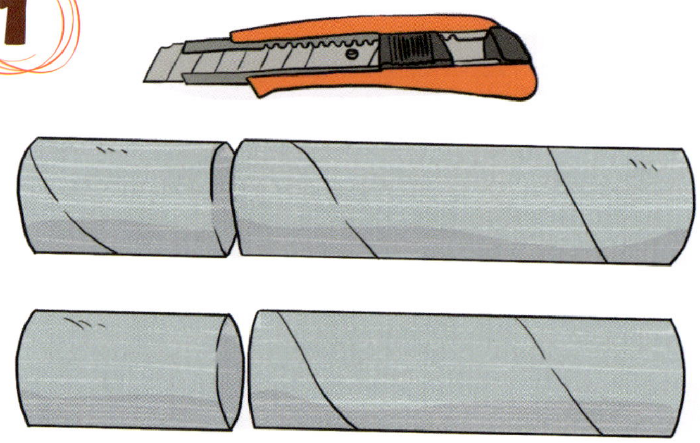

2

Taglia un rotolo della pellicola alimentare per ottenere un pezzo lungo circa 12 cm.

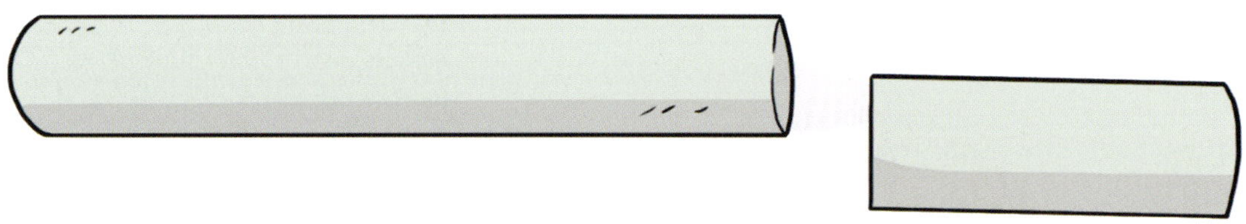

3

Incolla i 3 pezzi ottenuti come in figura.

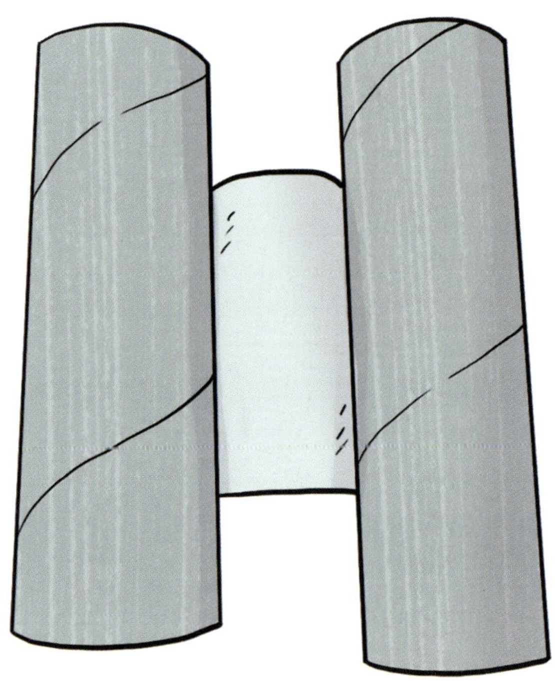

4

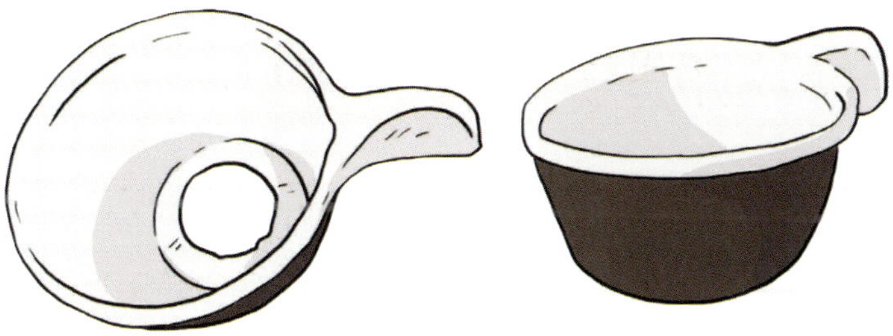

Pratica un foro alla base
di 2 tazzine da caffè
di plastica.

5

Incolla alle 2 estremità del pezzo
precedentemente realizzato le 2
tazzine forate.

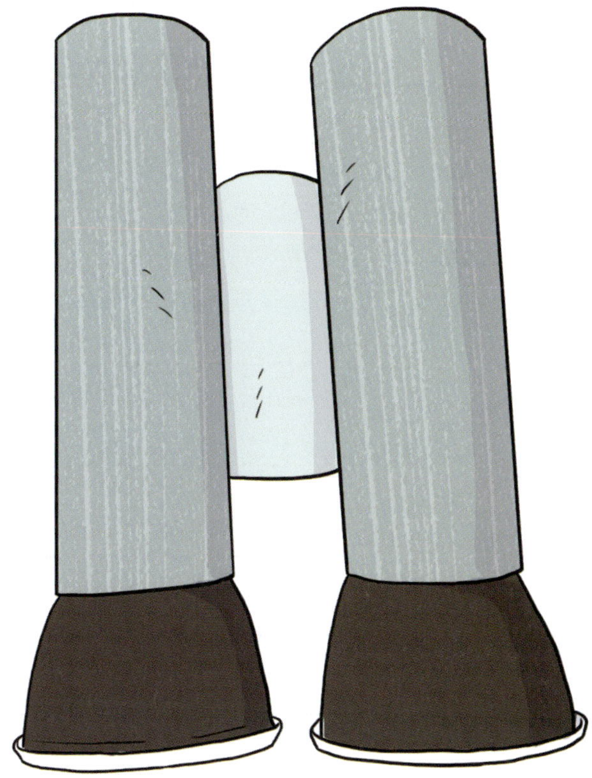

6

Decora il tuo binocolo: scegli
colori che ti permettano di
mimetizzarti come un vero
avventuriero!

IL CANNOCCHIALE

Ti senti più un capitano d'alto mare o un pirata dei Caraibi?
In entrambi i casi possedere un potente cannocchiale ti risulterà indispensabile, per avvistare terra, navi o tesori da conquistare.

OCCORRENTE

- 2 rotoli della carta asciugatutto
- 1 bicchiere di plastica grande
- 2 tappi di plastica trasparente, uno più grande e uno più piccolo

STRUMENTI

- nastro adesivo di carta
- forbici con le punte
- colla a caldo o attaccatutto

DIFFICOLTÀ ★

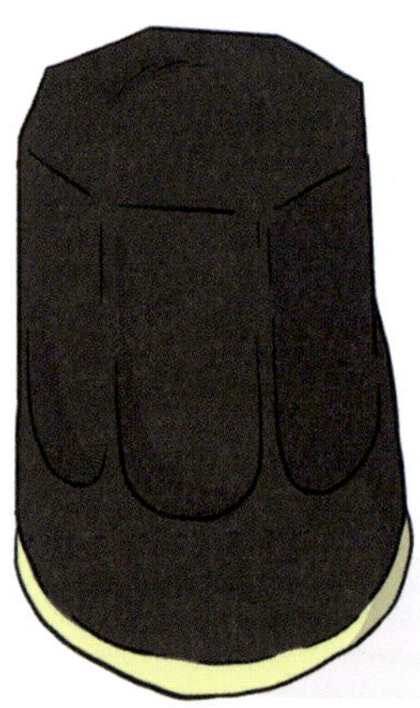

PER DECORARE E COLORARE

- tempera ad acqua o acrilico: verde, marrone, nero, giallo

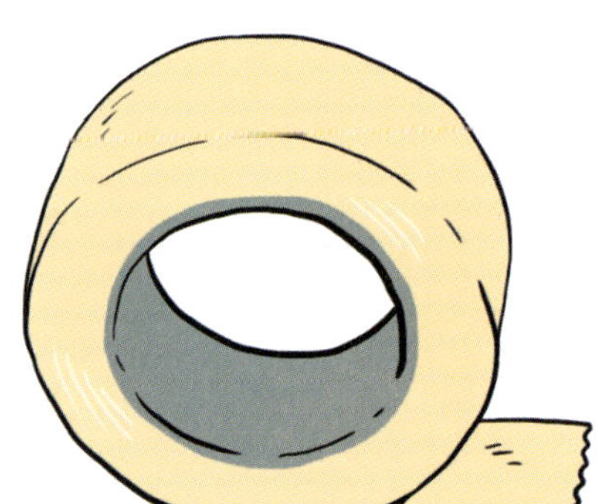

1

Unisci 2 rotoli della carta asciugatutto utilizzando il nastro adesivo di carta.

2

Con delle forbici con le punte fai un foro in un bicchiere di plastica grande.

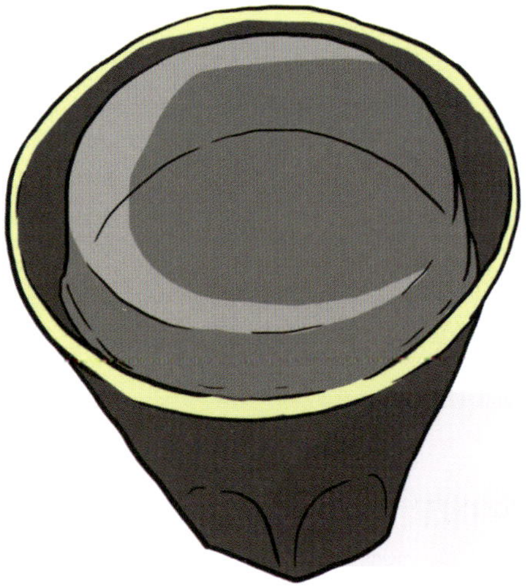

3

Con la colla a caldo incolla il tappo di plastica trasparente più grande dentro l'estremità più larga del bicchiere.

4

Incolla il tappo di plastica trasparente più piccolo a una estremità del tubo di cartone precedentemente ottenuto.

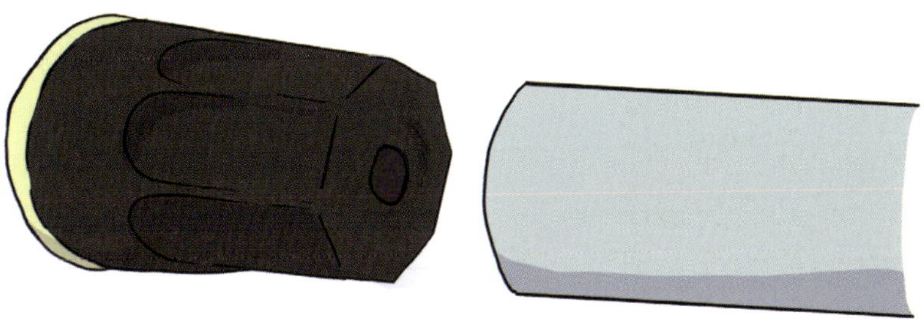

5

Con la colla a caldo incolla il bicchiere forato al tubo di cartone.

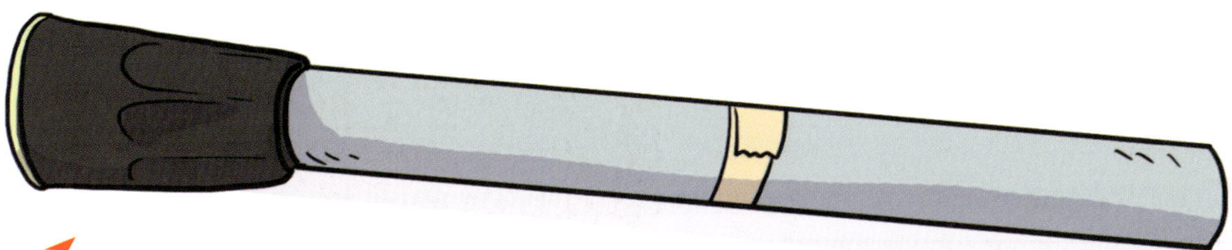

6

Ripeti tutto il procedimento tante volte quanti sono i cannocchiali che vuoi ottenere, così potrai divertirti con gli amici!

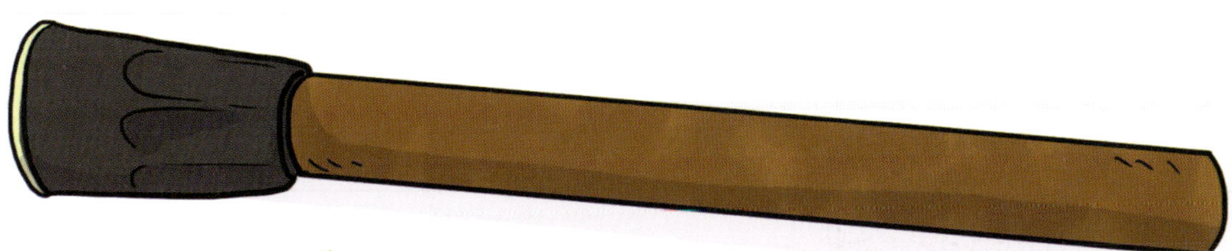

7

Colora il tuo cannocchiale! Scegli il marrone, il nero, il verde e il giallo per dare un tocco più realistico alla tua creazione.

IL FARO

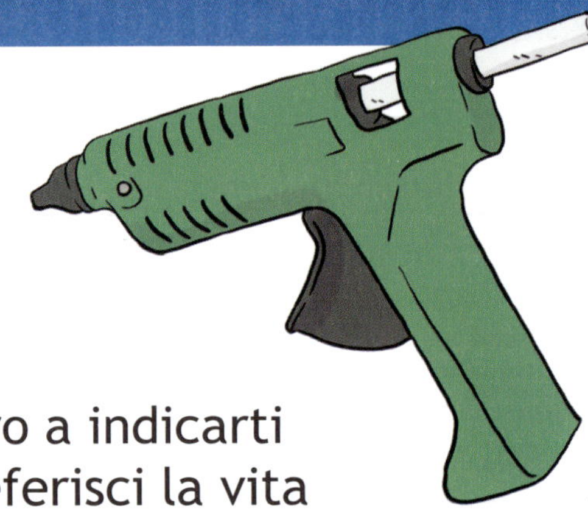

Di ritorno da un lungo viaggio in mare sarà il faro a indicarti la via giusta per arrivare al porto. Se invece preferisci la vita solitaria, il faro sarà la tua dimora perfetta! Inventa le tue avventure e potrai essere di volta in volta marinaio o guardiano del faro.

OCCORRENTE

- 1 rotolo della carta asciugatutto
- 1 bicchiere di carta
- 1 bicchierino di carta
- 1 pezzo di cartoncino

STRUMENTI

- forbici
- colla a caldo o attaccatutto

DIFFICOLTÀ ★

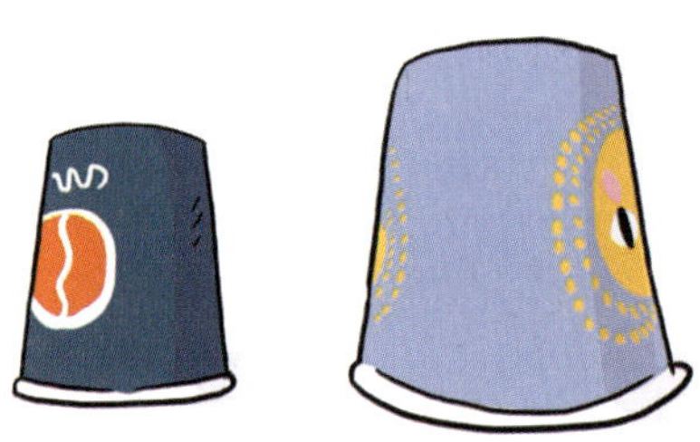

PER DECORARE E COLORARE

- tempera ad acqua o acrilico: bianco, rosso, blu, celeste, grigio, nero

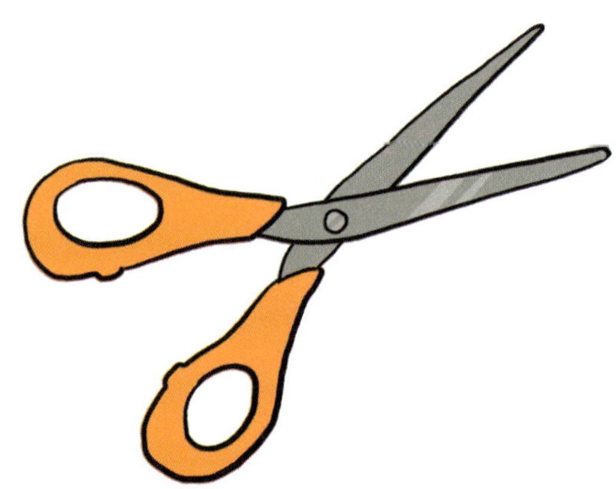

1

Utilizza un bicchiere di carta grande per la base del faro e uno più piccolo, da caffè per la cima.

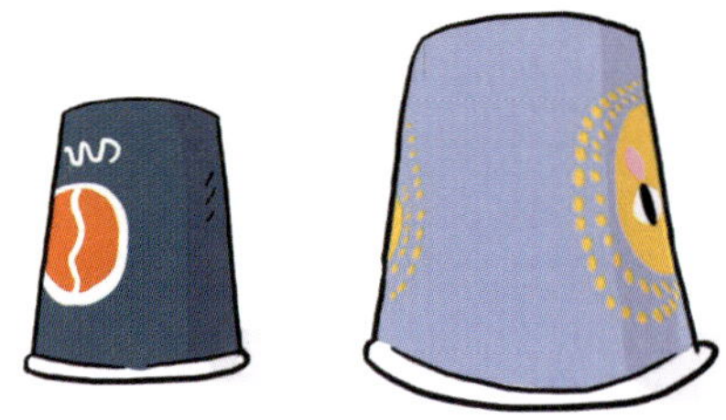

2

Con la colla a caldo o con l’attaccatutto incolla un rotolo al bicchiere di carta grande.

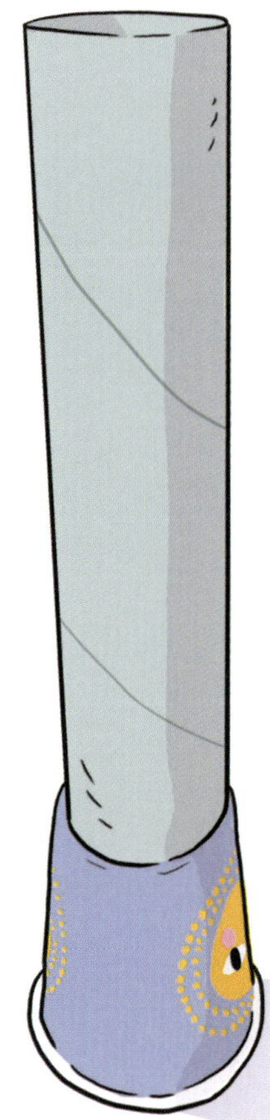

3

Incolla il bicchierino più piccolo sopra al rotolo.

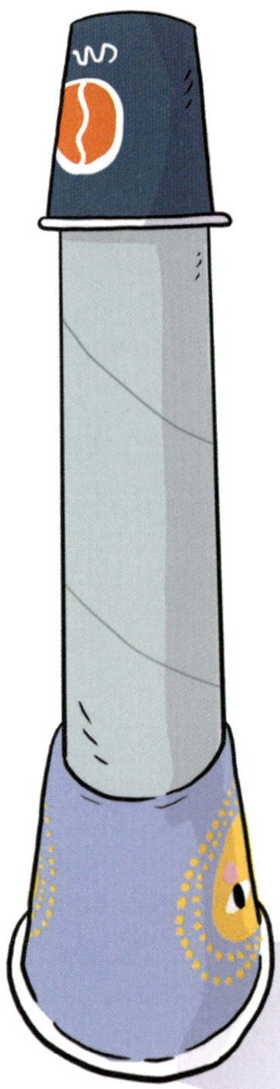

4

Taglia un pezzo di cartoncino come in figura. Puoi farlo grande quanto vuoi, sarà il tuo mare.

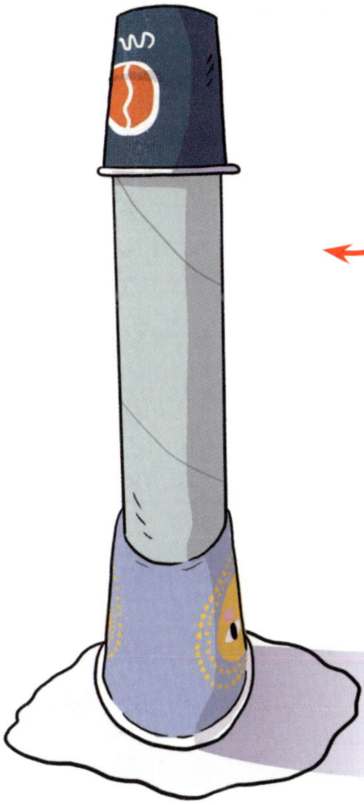

5 Posiziona il faro sul mare.
Adesso non ti resta che decorarlo!

6 Colora il mare con le tempere blu e celeste.

7 Usa il colore nero per la base e per la cima e dipingi delle righe rosse e bianche per tutta l'altezza del faro.

IL CASTELLO

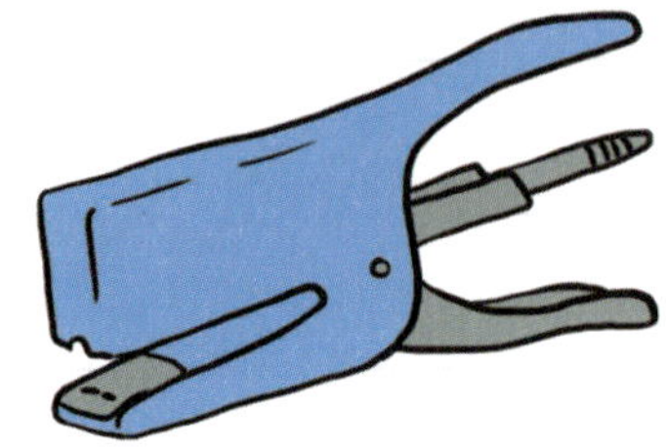

Principe o principessa? Guardiano o guardiana dei draghi, fata o mago? Costruisci il castello e ambienta le tue storie da favola con i personaggi che preferisci. Chi arriverà oggi al castello? Animali fantastici, valorosi cavalieri o altri personaggi incantati?

OCCORRENTE

- 15 rotoli della carta asciugatutto

STRUMENTI

- forbici
- cucitrice o colla a caldo

DIFFICOLTÀ ★

PER DECORARE E COLORARE

- tempera ad acqua o acrilico: giallo, marrone, arancione, nero

Con le forbici ritaglia l'estremità di 13 rotoli per ottenere i merli del castello.

1

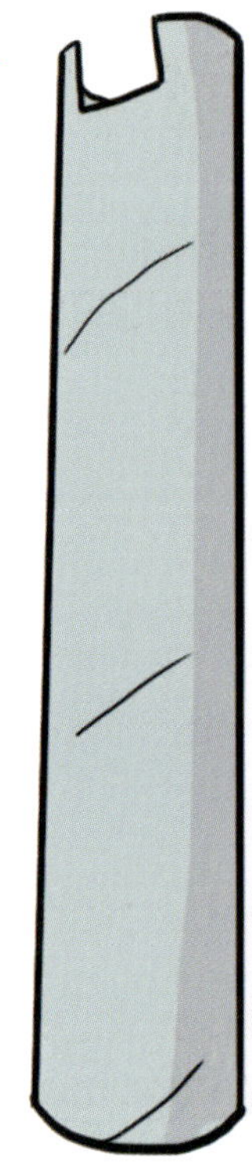

2

Disponi i 13 rotoli come in figura e uniscili insieme spillandoli con la cucitrice in alto e in basso oppure incollandoli con la colla a caldo.

3

Da 2 rotoli ottieni 3 pezzi come quelli in figura.

4

Ritaglia i merli nei 3 pezzi ottenuti e uniscili insieme utilizzando la cucitrice.

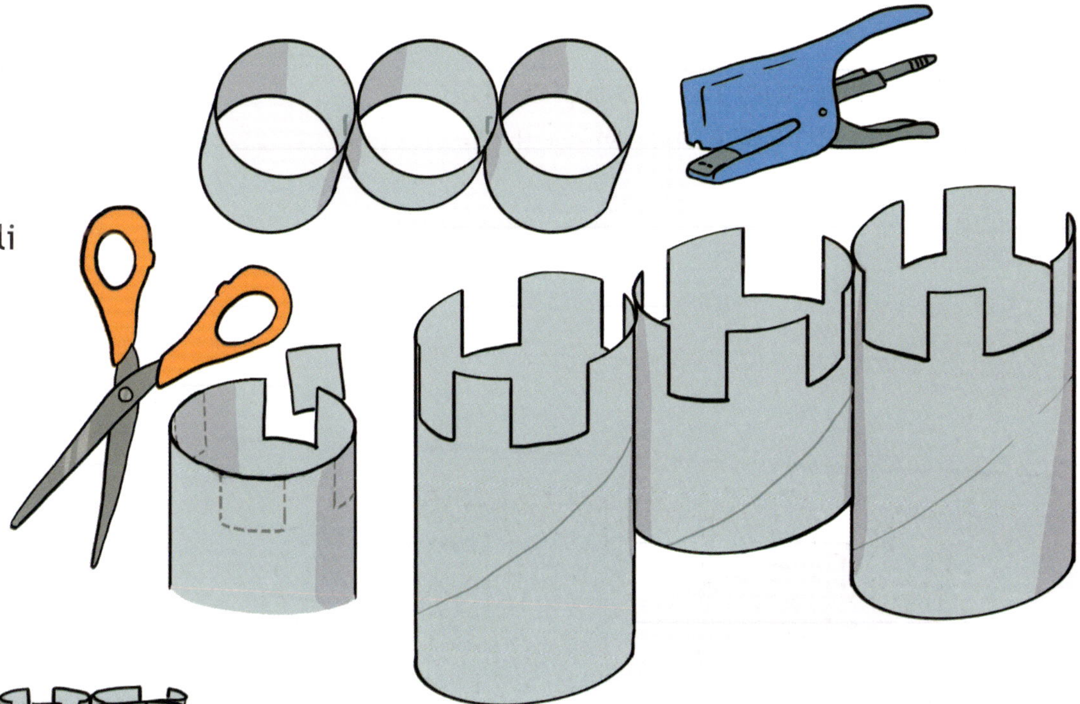

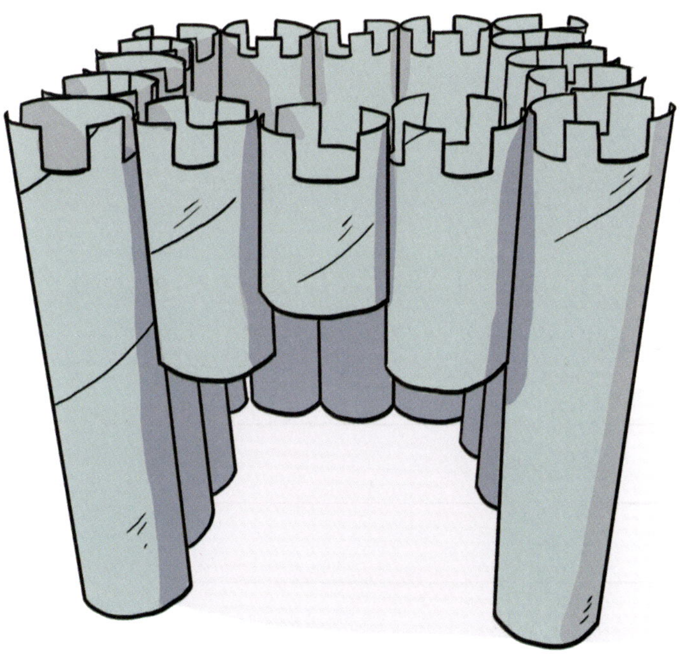

5

Unisci i 3 pezzi al resto del castello utilizzando la cucitrice o la colla a caldo.

6

Colora il tuo castello: puoi usare il nero per la base e i merli e il marrone e il giallo per le mura. Scatena la tua fantasia!

LE AUTO DA CORSA

Costruisci le automobiline e realizza con gli amici un Grand Prix tutto tuo! Rientra ai box per il pit stop, riparti con slancio e taglia il traguardo prima degli altri. Sarai il nuovo campione delle corse!

OCCORRENTE

Per ottenere 2 automobiline:

- 2 rotoli della carta igienica (o mezzo rotolo della carta asciugatutto)
- 2 tappi di sughero
- 4 stuzzicadenti
- 1 pezzetto di carta

STRUMENTI

- forbici con le punte
- trincetto
- colla vinilica

DIFFICOLTÀ ★

PER DECORARE E COLORARE

- tempera ad acqua o acrilico del colore che preferisci

1
1
2
2

1

Con delle forbici con
le punte realizza un foro
come quello in figura
in un rotolo della carta igienica.

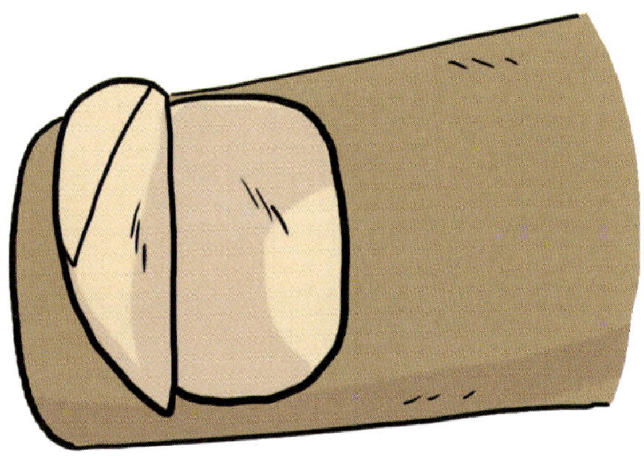

2

Per ottenere un modello
di automobilina diverso non
staccare del tutto la parte
tagliata, osserva la figura.

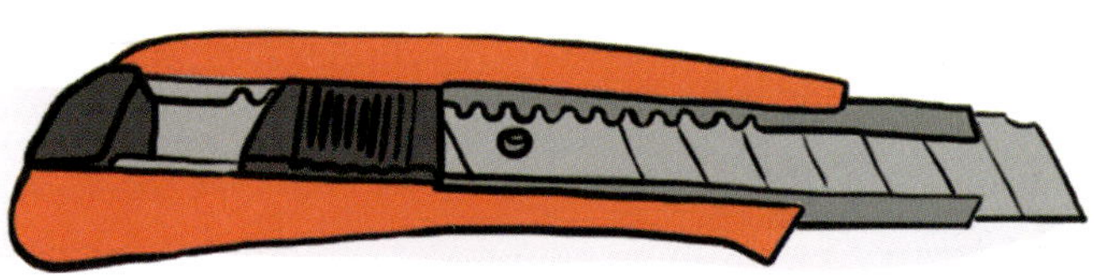

3

Da un tappo di sughero taglia 4
pezzi più o meno delle stesse
dimensioni usando il trincetto.

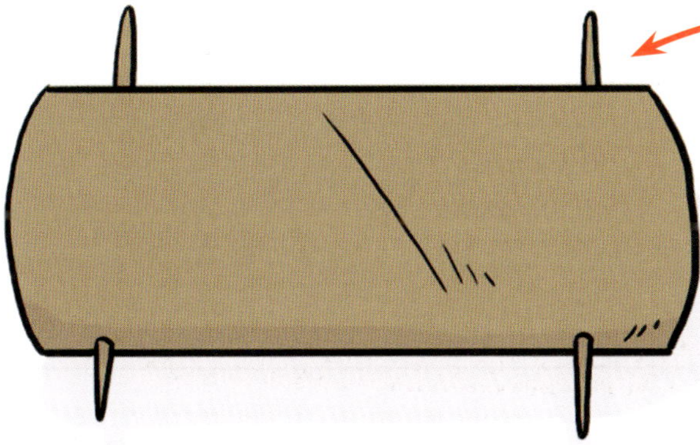

4

Inserisci 2 stuzzicadenti nella parte bassa dei rotoli. Aiutati con delle forbici con le punte per ottenere i fori.

5

Inserisci i pezzi di sughero alle estremità degli stuzzicadenti.

Una volta colorate, assegna il numero alle automobiline. Disegna su un pezzetto di carta il numero che vuoi dare a ciascuna auto, coloralo, ritaglialo e incollalo sulla carrozzeria.

6

LA CULLA PER BAMBOLINE

Vuoi una culla per la tua casa delle bambole o vuoi aprire un piccolo nido per tante bamboline? Costruisci le culle e sistema le tue piccole bambole: il loro sonno sarà dolce e tranquillo e si sveglieranno riposate per giocare ancora insieme a te.

OCCORRENTE

- 1 rotolo della carta igienica
- 3 bastoncini da arrosto di legno (o qualche stuzzicadente)
- 1 pezzetto di cartoncino

STRUMENTI

- forbici
- colla a caldo o attaccatutto
- limetta o carta abrasiva
- trincetto

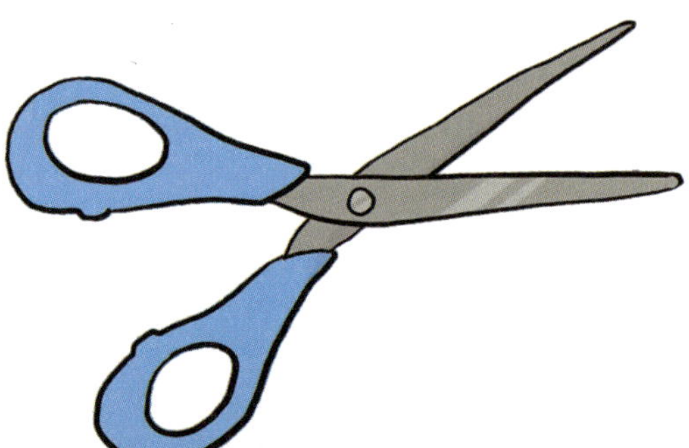

PER DECORARE E COLORARE

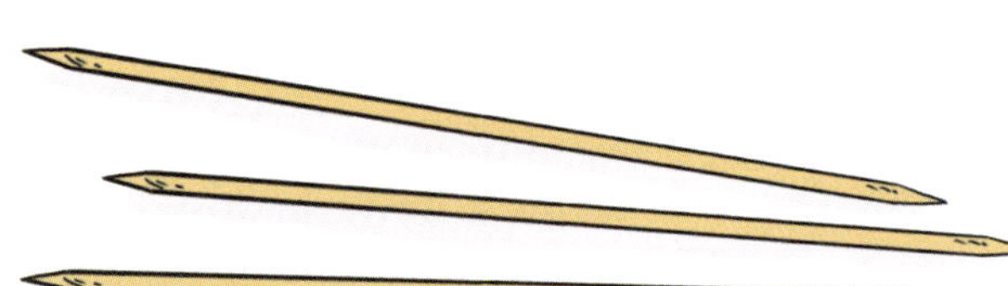

- tempera ad acqua o acrilico: usa i colori che più ti piacciono
- 1 pezzetto di stoffa o 1 piccolo cuscino per bambole

1

Con le forbici apri un rotolo come in figura. Per le fasi successive ti servirà il pezzo più grande.

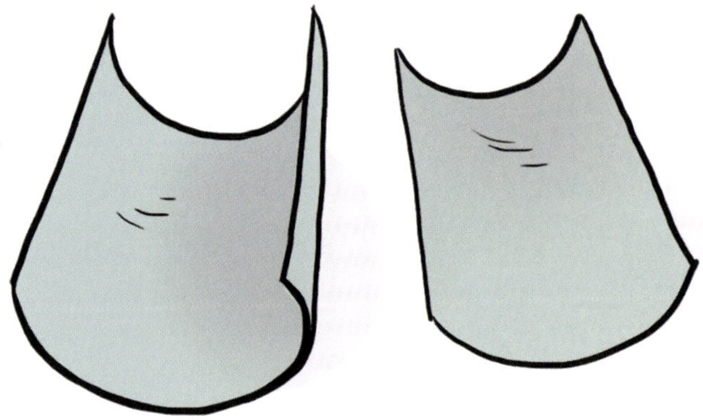

2

Aiutandoti con una coppetta o con un bicchiere disegna un cerchio su un pezzo di cartoncino.

3

Ritaglia il cerchio e dividilo a metà.

4

Usa la colla a caldo per unire i 2 semicerchi al pezzo di rotolo aperto.

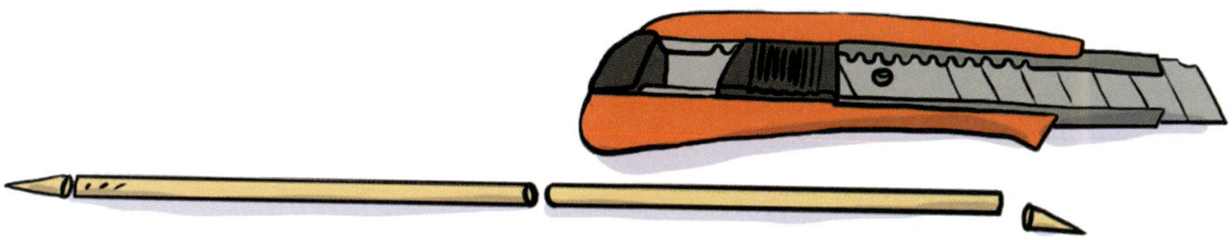

5

Taglia dei pezzetti dai bastoncini per arrosto di legno e limane le estremità.

6

Incolla i pezzi così ottenuti ai lati della culla.

7

Colora la culla con i colori che preferisci e per decorare sistema un pezzetto di stoffa o un piccolo cuscino all'interno.

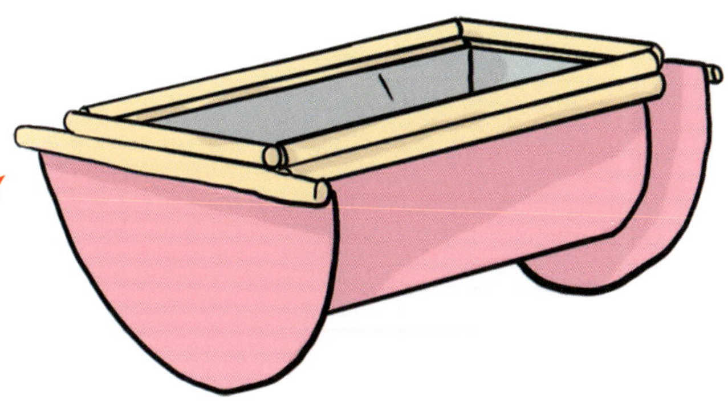

IL FORTINO DEL FAR WEST

Vivi un'avventura alla scoperta del lontano West, galoppa veloce sul tuo cavallo ed esplora nuovi territori. Potresti cambiare la storia e vivere in pace con gli indiani nativi del posto!

OCCORRENTE

- 29 rotoli della carta asciugatutto (o meno, se vuoi farlo più piccolo)
- 1 scatolina di cartone rettangolare
- 1 scatolina di cartone quadrata
- 8 stuzzicadenti
- filo di rame
- 2 pezzi di cartoncino

STRUMENTI

- trincetto
- forbici con le punte
- colla a caldo
- nastro adesivo

DIFFICOLTÀ ★★★★

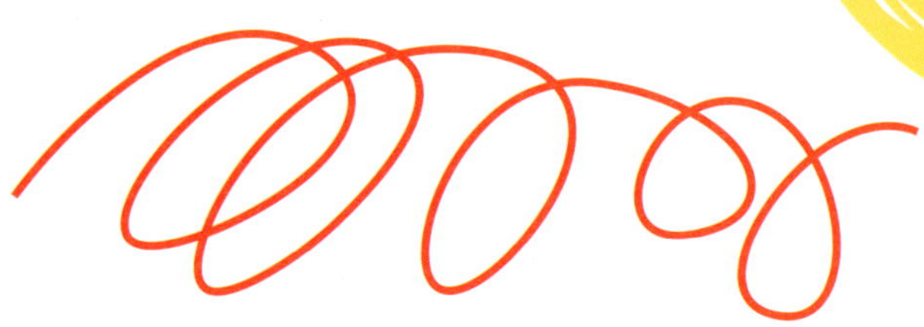

PER DECORARE E COLORARE

- rametti di legno
- tempera ad acqua o acrilico: marrone chiaro, marrone scuro

Con delle forbici con le punte fai 4 fori in 4 rotoli, 2 in alto e 2 in basso, come in figura.

1

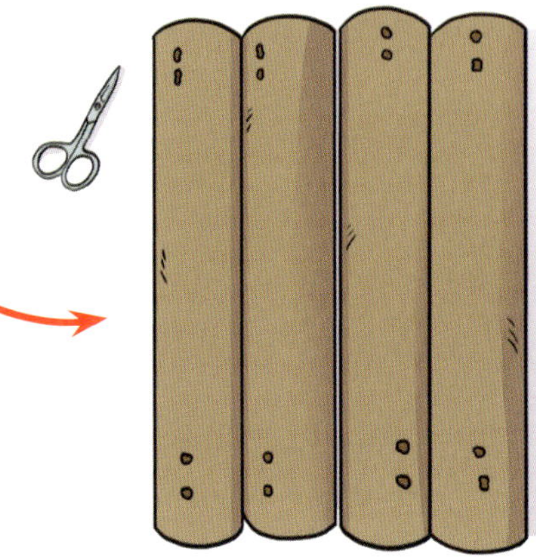

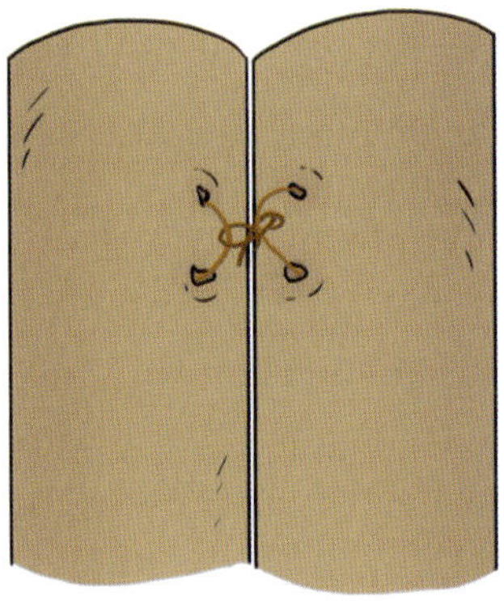

2

Passa dentro a ciascun foro un pezzo di filo di rame lungo circa 10 cm e stringilo all'interno del rotolo per formare un anello. Poi, con un altro pezzo, unisci a due a due i rotoli. Otterrai così le due parti del cancello del fortino.

Utilizza la colla a caldo per incollare un terzo rotolo ai due precedentemente uniti con il filo di rame.
Ripeti l'operazione per l'altra parte del cancello.

3

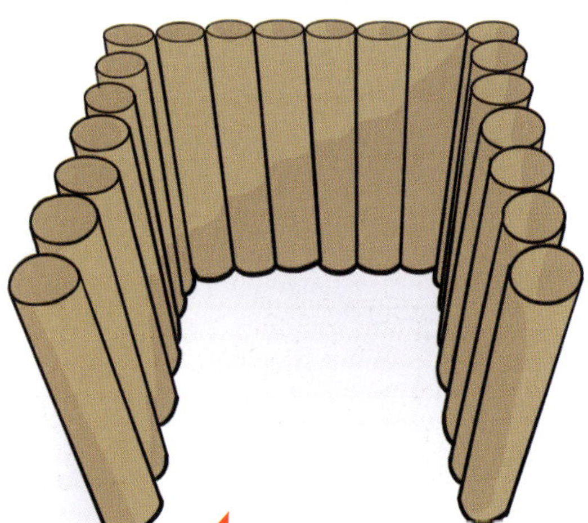

4

Usando la colla a caldo incolla 20 rotoli come vedi in figura.

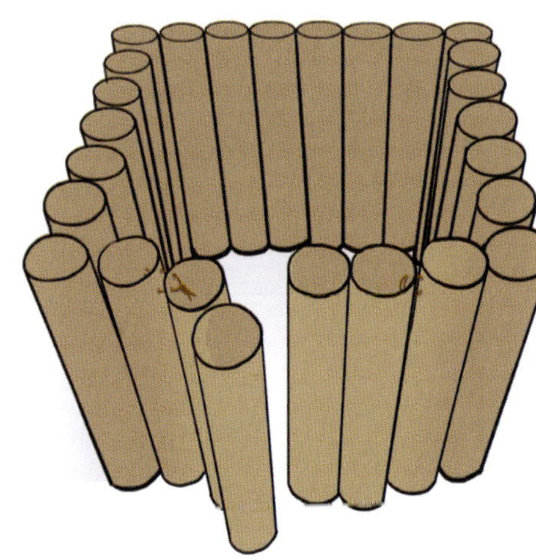

5

Incolla le metà del cancello precedentemente ottenute alla costruzione appena realizzata. Per ogni lato, fai attenzione ad attaccare alla costruzione i 2 rotoli uniti con il filo di rame. Osserva la figura.

6

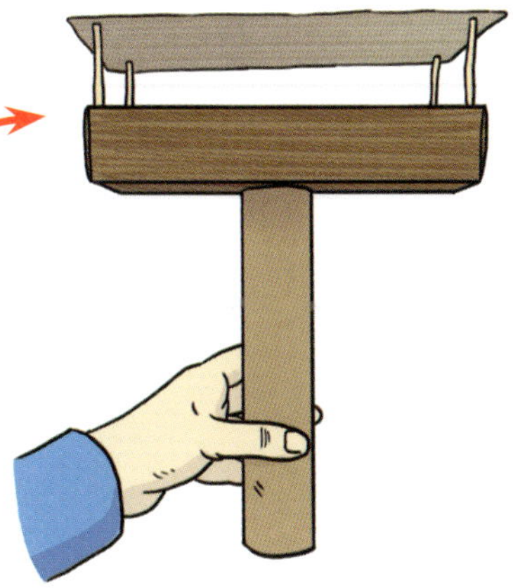

Realizza una torretta come quella in figura utilizzando un rotolo, una scatolina rettangolare, 4 stuzzicadenti e un pezzetto di cartone. Incolla insieme le parti utilizzando la colla a caldo.

7

Realizza un'altra torretta come quella in figura utilizzando un rotolo e un pezzetto di un altro rotolo (che unirai con lo scotch), una scatolina quadrata, 4 stuzzicadenti e un pezzetto di cartone. Incolla insieme le parti utilizzando la colla a caldo.

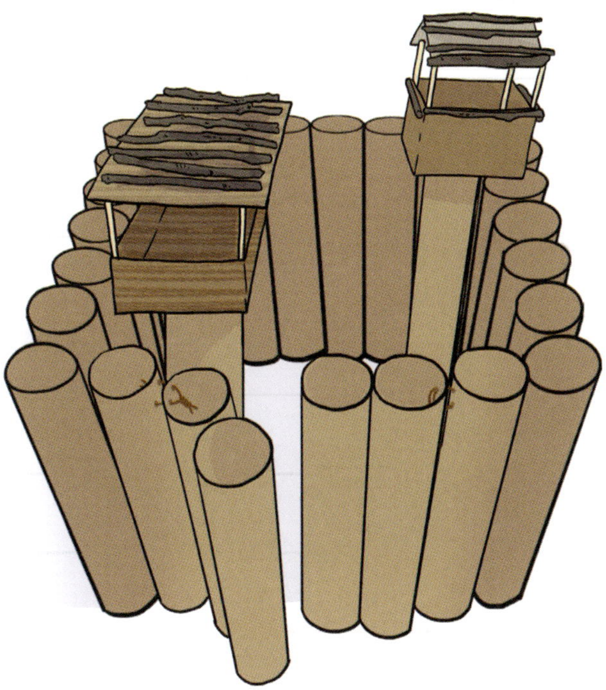

8

Sistema le 2 torrette ai lati della costruzione e fermale utilizzando la colla a caldo.

9

Adesso colora il tuo fortino con le tempere e decoralo con dei rametti di legno per renderlo più realistico.

L'AMACA PER LE BAMBOLE

Se sogni di leggere in pace e in tranquillità dondolandoti all'ombra di grossi alberi, puoi intanto realizzare questo sogno per le tue bambole. Potrai inventare avventure e storie in campeggio e coinvolgere tutte le bambole che vorrai!

OCCORRENTE

- 4 rotoli della pellicola alimentare o della carta alluminio (o 8 rotoli della carta igienica o 4 rotoli della carta asciugatutto)
- 4 rotoli della carta asciugatutto
- filo forte da cucito
- 1 pezzo di cartoncino
- 1 pezzo di cartone
- 1 confezione di creta modellabile che si asciuga da sola

STRUMENTI

- trincetto
- forbici con le punte
- colla a caldo
- matita
- ago da cucito

DIFFICOLTÀ ★★

PER DECORARE E COLORARE

- tempera ad acqua o acrilico: marrone scuro, marrone chiaro, verde chiaro, verde scuro; colori a piacere per l'amaca
- 1 pezzo di stoffa

1

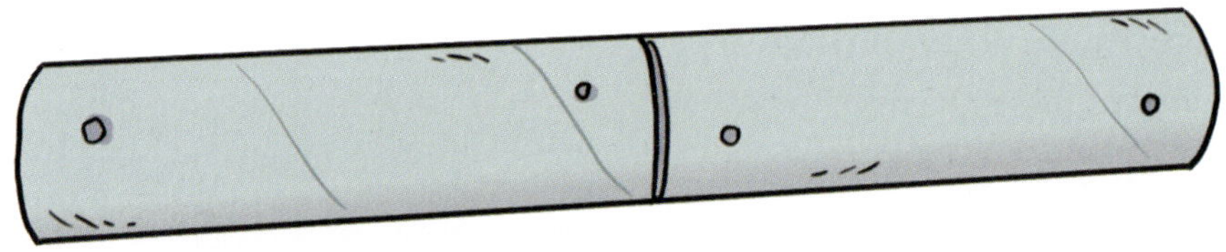

Con il trincetto dividi a metà i 4 rotoli della pellicola alimentare. Usa le forbici con le punte per realizzare 4 fori in ciascun pezzo di rotolo, 2 da un lato e 2 dall'altro, come in figura. Otterrai 8 pezzi forati.

2

Usa ago e filo grosso e fallo passare attraverso gli 8 rotoli forati come in figura. Chiudi le estremità del filo, da una parte e dall'altra, con un nodo.

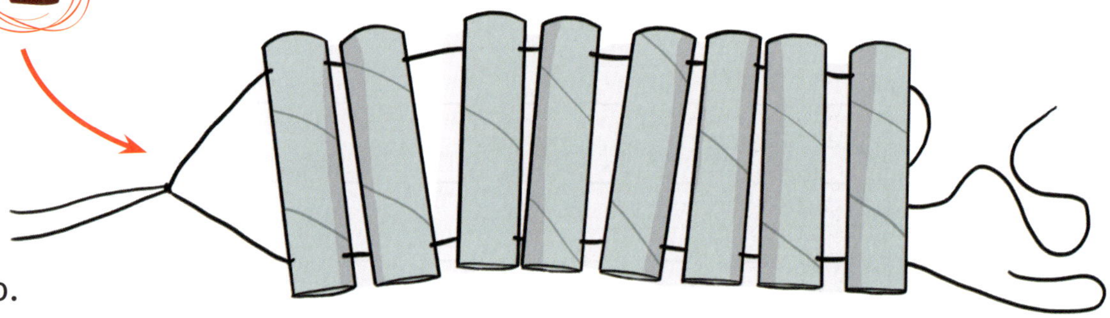

3

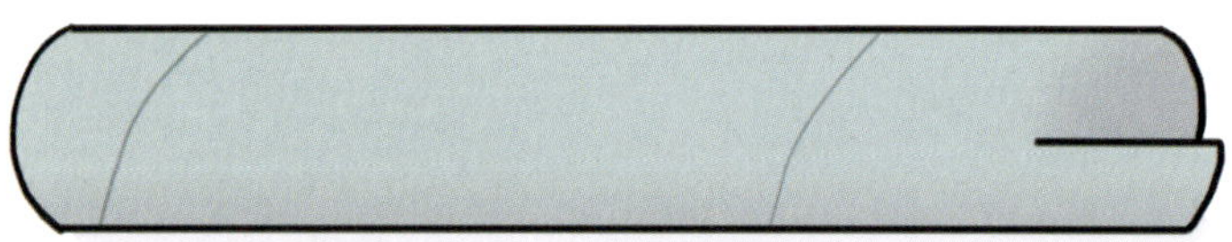

Fai 2 incisioni in un rotolo della carta asciugatutto. Ripeti con un altro rotolo.

4

Riempi per più di metà i 2 rotoli intagliati con della creta, lasciando vuota l'estremità con le incisioni. Saranno i tronchi dell'albero a cui fisserai l'amaca.

Incolla con molta colla a caldo i 2 tronchi ottenuti a un cartone abbastanza lungo da contenere anche l'amaca.

5

6

Disegna e ritaglia 2 chiome di albero da un pezzo di cartoncino (se lo usi bianco dovrai prima colorarlo di verde).

7

Sistema l'amaca incastrando il filo nelle incisioni dei tronchi e arrotolalo più volte per fermarlo. Inserisci le 2 chiome nei tronchi.

8

Colora il tuo progetto e per decorare sistema un pezzo di stoffa sui rotoli che formano l'amaca.

LA POLTRONCINA E IL TAVOLINO

Per prendere una cioccolata o un tè con gli amici e le amiche non c'è niente di meglio che una poltroncina con un piccolo tavolino. Chiacchierare e scambiarsi segreti sarà ancora più divertente!

OCCORRENTE

Per la poltroncina:

- 28 rotoli della carta asciugatutto di cartone molto duro
- 7 rotoli di cartone duro più lunghi

Per il tavolino:

- circa 20 rotoli della carta asciugatutto
- 1 pezzo di cartone rigido

STRUMENTI

- colla a caldo
- forbici
- tazza (12 cm di diametro)
- matita

DIFFICOLTÀ ★

PER DECORARE E COLORARE

- tempera ad acqua o acrilico: colori a piacere

POLTRONCINA

1

Con la colla a caldo incolla 7 rotoli di cartone duro come in figura. Ripeti l'operazione per altre 3 volte.

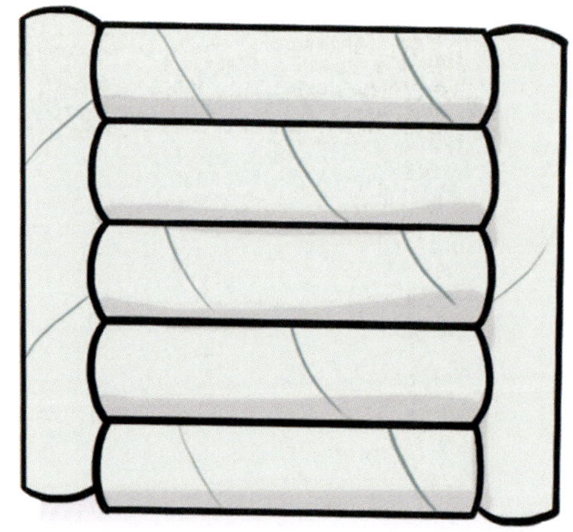

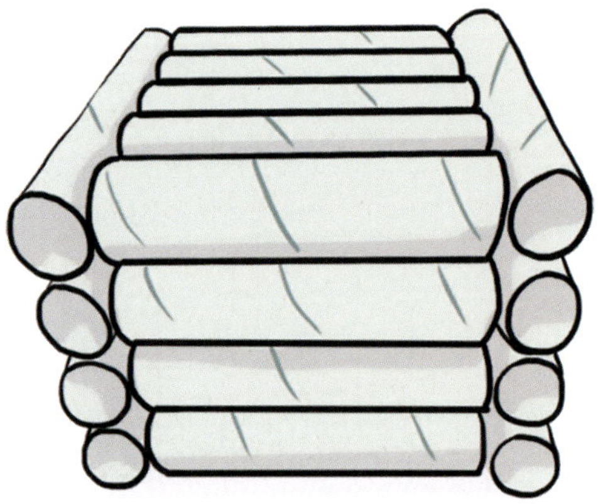

2

Incolla i 4 pezzi così ottenuti uno sopra l'altro come in figura.

3

Incolla i 7 rotoli più lunghi in modo da ottenere lo schienale della poltroncina.

TAVOLINO

1

Disegna un cerchio su un pezzo di cartone aiutandoti con una tazza grande (circa 12 cm di diametro). Usa il contorno disegnato per incollare tra sé 20 rotoli (senza incollarli alla base di cartone).

2

Incolla dei rotoli anche internamente al perimetro per ottenere la base di appoggio del tavolino.

3

Ricalca la forma del tavolino su un pezzo di cartone rigido e ritagliala.

4

Incolla il piano ottenuto alla base del tavolino.

5

Usa le tempere e la tua fantasia per colorare il tuo personalissimo salottino!

LA CASETTA SULL'ALBERO

Chi non sogna una casetta sull'albero dove rifugiarsi da solo o in compagnia? Se non hai a disposizione un albero tutto tuo per costruire il tuo rifugio, potrai intanto creare quello per i tuoi personaggi preferiti e rifugiarti nelle fantastiche storie che vivrai con loro!

OCCORRENTE

- 18 rotoli della carta asciugatutto
- 3 rotoli della carta igienica
- 1 pezzo di cartone
- 16 tappi di sughero
- qualche legnetto
- spago

STRUMENTI

- trincetto
- forbici
- colla a caldo o attaccatutto

PER DECORARE E COLORARE

- rametti di legno
- tempera ad acqua o acrilico: marrone chiaro, marrone scuro, giallo
- 1 scatola

1

Con la colla a caldo incolla 9 rotoli disponendoli come in figura, poi attaccali a una base di cartone quadrata.

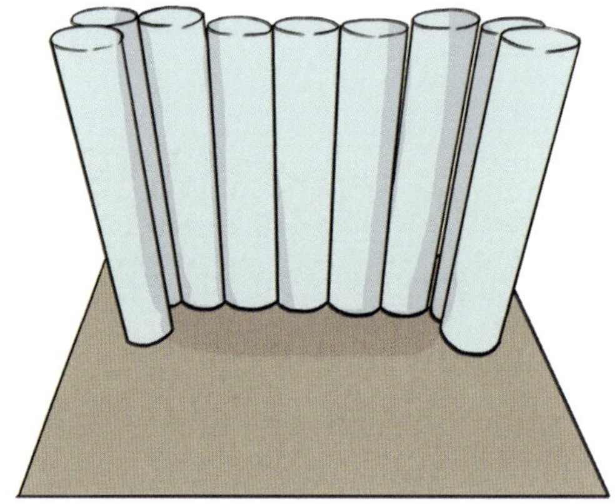

2

Taglia 2 rotoli come in figura, ti serviranno per ottenere il foro delle finestre.

3

Per ciascun lato della costruzione, incolla i 2 pezzi più grandi dei 2 rotoli tagliati, poi prosegui incollando altri 2 rotoli interi.

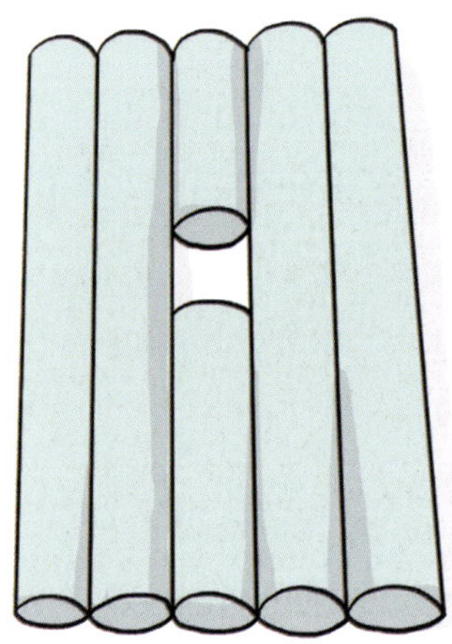

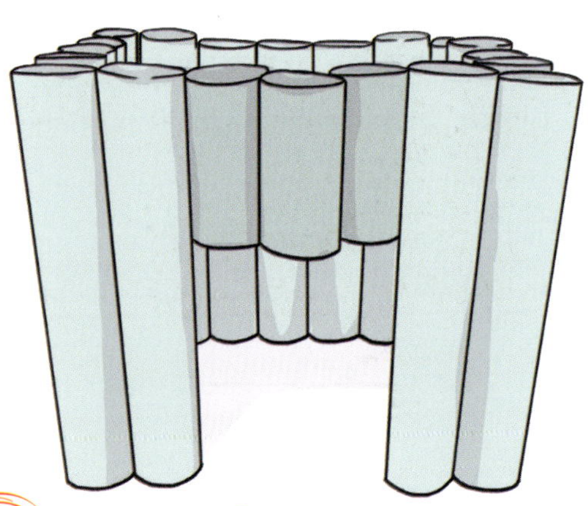

4

Nella parte anteriore della costruzione incolla i 3 rotoli della carta igienica.

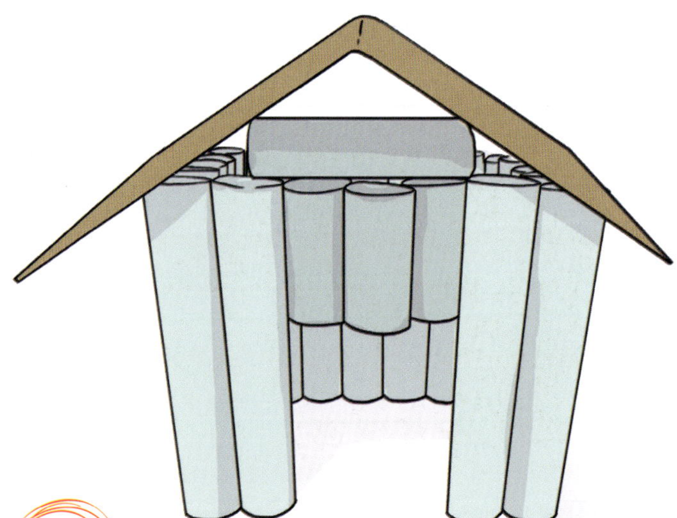

5

Taglia un pezzo di cartone e piegalo a metà per ottenere il tetto della casetta. Usa la colla a caldo per incollare il tetto alla costruzione. Taglia un rotolo della carta asciugatutto come in figura e incollalo sotto il tetto.

6

Incolla a coppie
i tappi di sughero.

7

Realizza una scaletta con dei rametti e dello spago: metti della colla a caldo su un rametto e poi attorciglia intorno dello spago. Continua per tutta la lunghezza della scaletta, poi ripeti per l'altro lato.

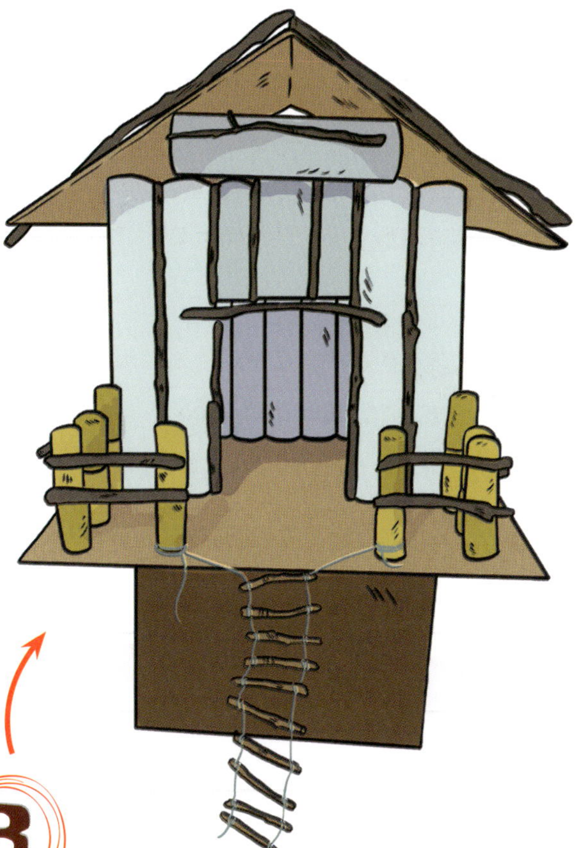

8

Realizza una staccionata incollando i tappi di sughero alla base di cartone e collegandoli tra sé con dei pezzetti di legno. Incolla la scaletta alla base e decora la casetta con dei rametti.

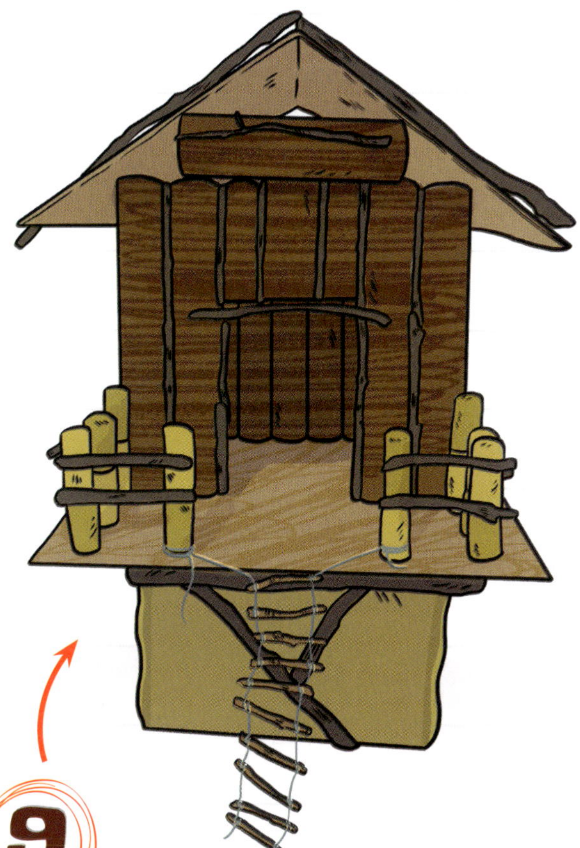

9

Adesso colora la tua casetta!
Puoi decorare una scatola con dei rami e farla così diventare la base d'appoggio della casetta.

LA CAPANNA

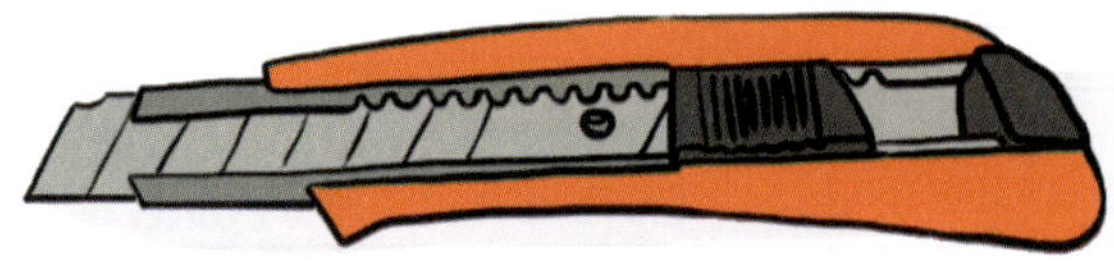

Vacanze esotiche o all'insegna dell'esplorazione di terre selvagge. Ti vedi meglio nelle vesti del vacanziero o dello scienziato antropologo? Niente ti vieta di cambiare ogni volta personaggio. L'avventura sarà in ogni caso garantita!

OCCORRENTE

- 17 rotoli della carta asciugatutto (o meno se vuoi realizzare una capanna più piccola)
- 1 pezzo di cartone
- 1 pezzo di cartoncino

STRUMENTI

- righello
- trincetto
- forbici
- colla a caldo o attaccatutto
- ciotola (diametro 20 cm)
- matita

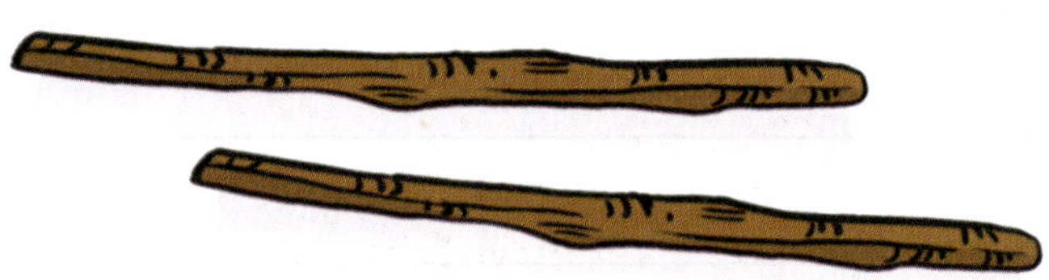

DIFFICOLTÀ ★★

PER DECORARE E COLORARE

- rametti di legno
- paglia
- tempera ad acqua o acrilico: marrone chiaro, marrone scuro, giallo, verde chiaro, verde scuro

1

Ritaglia un pezzo di cartone come in figura e disegna un cerchio aiutandoti con una ciotola del diametro di circa 20 cm.

2

Con la colla a caldo incolla 16 rotoli tra di loro e alla base di cartone, seguendo il perimetro precedentemente disegnato.

3

Con il trincetto taglia un rotolo di cartone in 3 parti come in figura.

4

Incolla i 3 pezzi ottenuti alla tua costruzione per realizzare l'apertura della capanna.

5

Con un coperchio del diametro di circa 32 cm disegna un cerchio su del cartoncino. Con il righello traccia il raggio del cerchio e taglialo con le forbici.

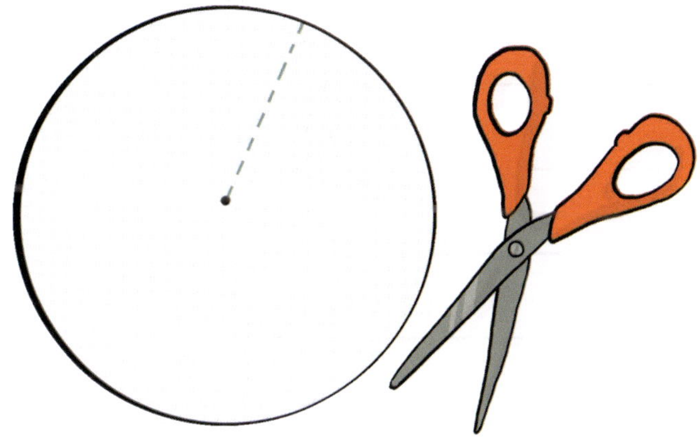

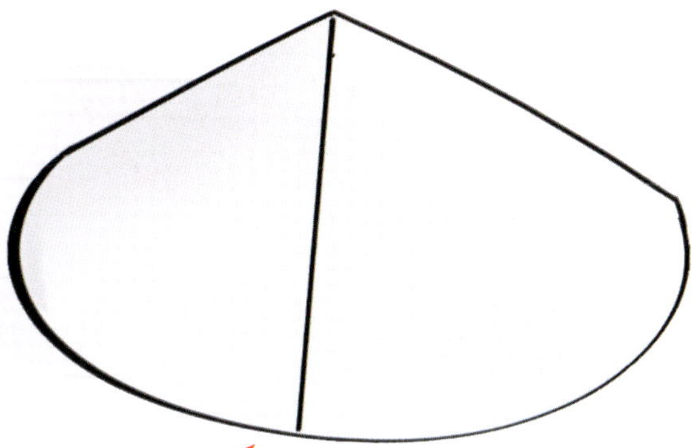

6

Incolla tra loro i lembi tagliati per ottenere un cono come in figura; sarà il tetto della capanna.

7

Con la colla a caldo incolla il tetto sulla costruzione, poi abbellisci il progetto attaccando dei rametti di legno alle pareti della capanna.

8

Colora la tua capanna e decorala incollando della paglia sul tetto.

IL MULINO A VENTO

Lotterai contro i mulini a vento come Don Chisciotte o vivrai la tranquilla vita del mugnaio? Costruisci il tuo mulino e scoprilo giocando. Le pale girano veramente!

OCCORRENTE

- 1 rotolo largo
- 2 rotoli della pellicola alimentare o dell'alluminio
- 1 coppetta del gelato
- 2 bastoncini di legno da arrosto
- 1 pezzo di cartone
- 1 fermacampioni in ottone

STRUMENTI

- trincetto
- forbici con le punte
- colla a caldo o attaccatutto
- limetta o carta abrasiva

DIFFICOLTÀ ★★

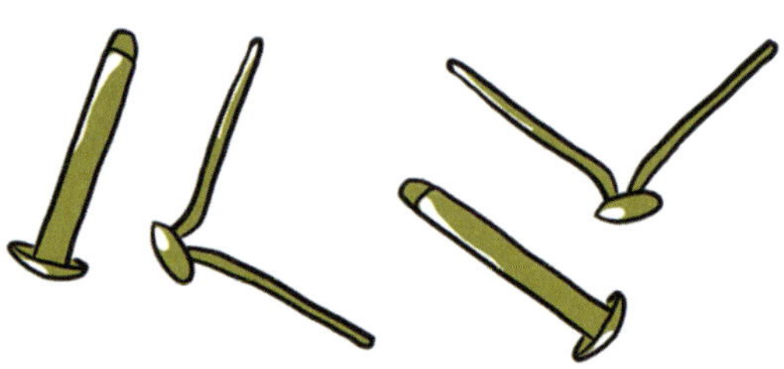

PER DECORARE E COLORARE

- tempera ad acqua o acrilico: bianco, giallo, grigio, rosso o colori a piacere

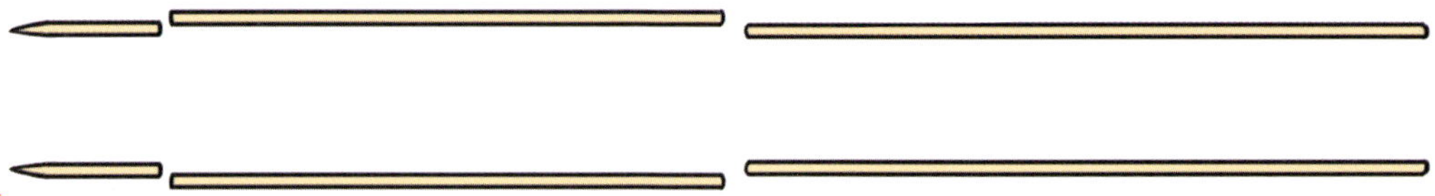

1

Spunta 2 bastoncini in legno da arrosto e dividili a metà in modo da ottenere 4 pezzi.
Lima tutte le estremità.

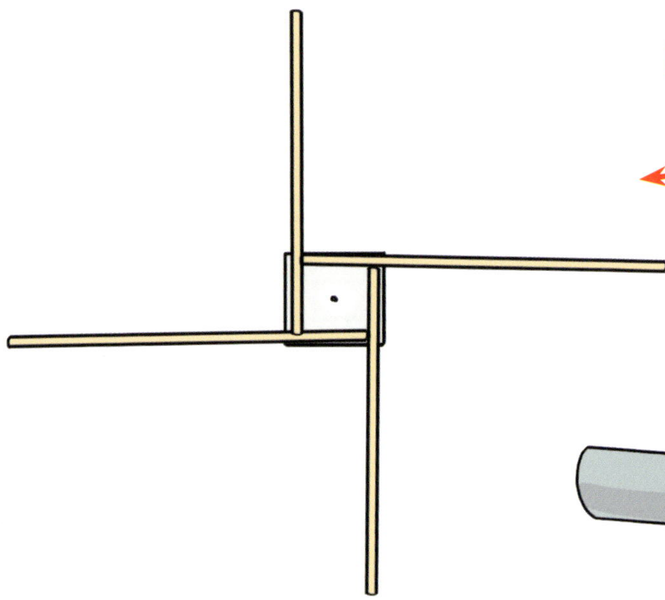

2

Incolla come in figura i 4 pezzetti ottenuti a un quadratino di cartone dal lato di circa 4 cm. Fora il quadratino al centro.

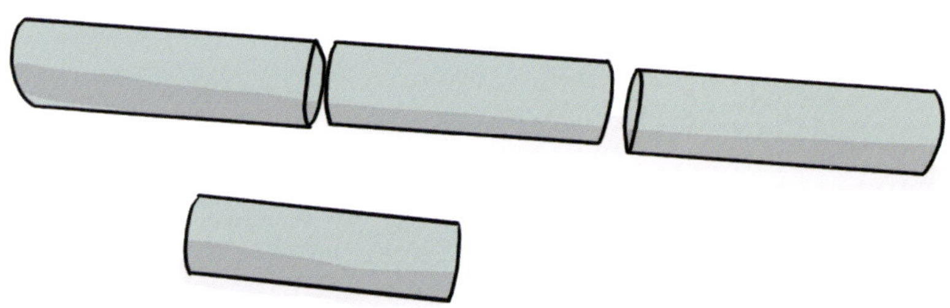

Con il trincetto taglia 2 rotoli della pellicola alimentare per ottenere 4 pezzi della stessa lunghezza dei bastoncini prima ottenuti.

3

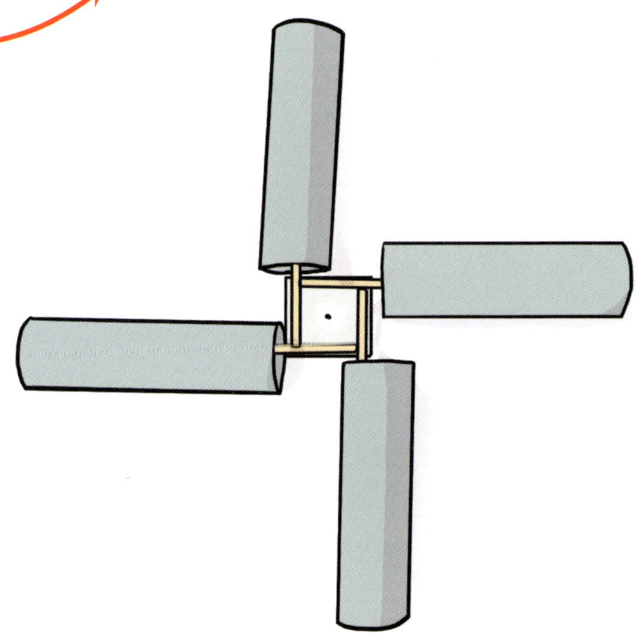

Usa la colla a caldo per incollare i 4 pezzi di rotolo ai bastoncini. Otterrai le pale del mulino a vento.

4

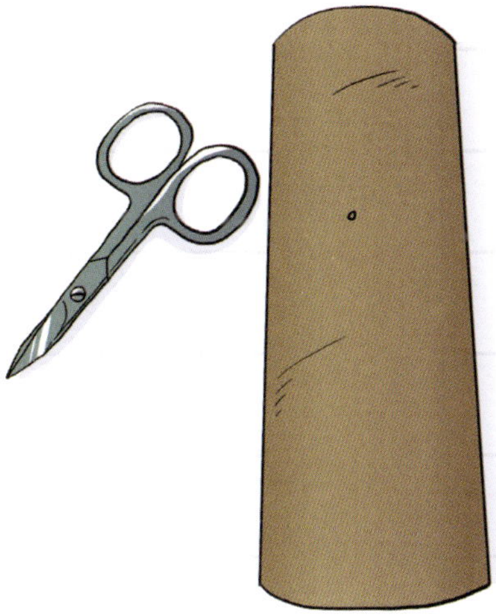

5

Con delle forbici con le punte fora il rotolo di cartone un po' sopra la metà della sua lunghezza.

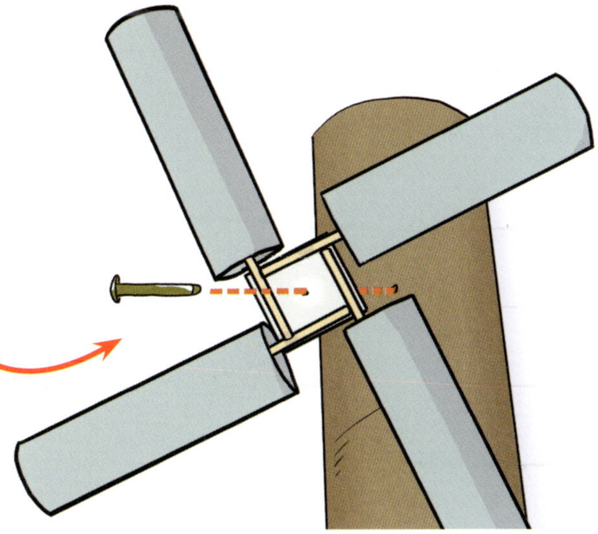

6

Inserisci il fermacampioni nel foro del quadratino che unisce le pale, fallo passare nel buco del rotolo e chiudilo dall'interno.

7

Incolla la coppetta del gelato sopra il rotolo così da ottenere il tetto del mulino.

8

Sistema il mulino su una base di cartone sagomata e coloralo come più ti piace.

L'ALBERO CON LE FOGLIE

Realizza un albero dalla folta chioma e sistemalo nella tua libreria o sulla tua scrivania. La sua presenza ti farà studiare in tutta tranquillità. Oppure utilizzalo per le tue storie ambientate nel bosco. Puoi realizzarne tanti e creare un'intera foresta!

OCCORRENTE

- 1 rotolo largo e resistente
- qualche rotolo della pellicola alimentare o della carta alluminio
- qualche rotolo della carta asciugatutto o della carta igienica
- bastoncini di legno da arrosto o stuzzicadenti

STRUMENTI

- trincetto
- forbici con le punte
- colla a caldo o attaccatutto

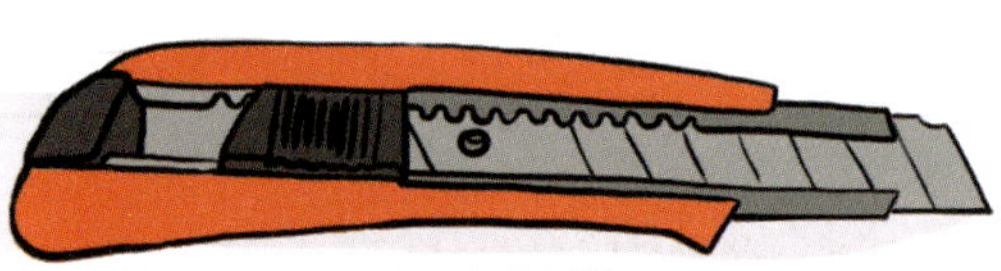

PER DECORARE E COLORARE

- tempera ad acqua o acrilico: marrone chiaro, marrone scuro, verde chiaro, verde scuro, giallo

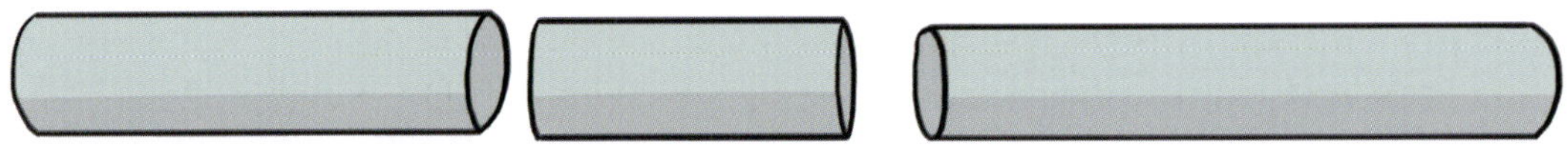

1

Con il trincetto dividi alcuni rotoli della pellicola alimentare o della carta alluminio in più parti, che non devono essere tutte uguali tra loro.

2

Taglia con il trincetto qualche bastoncino di legno. I pezzi ottenuti dovranno essere appuntiti e più corti dei rotoli di carta precedentemente lavorati. Incolla ogni bastoncino a un pezzo di rotolo. Otterrai così i rami dell'albero.

3

Con le forbici con le punte fai dei fori nel rotolo grande (il tronco) e inserisci i rami precedentemente ottenuti.

4

Da alcuni rotoli della carta igienica o della carta asciugatutto ritaglia degli anelli larghi circa 1 cm e schiacciali leggermente per ottenere le foglie dell'albero.

5

Attacca ai rami le foglie così ottenute usando la colla a caldo.

6

Con le tempere ad acqua decora il tuo progetto e fai così germogliare il tuo albero!

E ADESSO... COLORE E DECORAZIONI!

COLORARE

Le costruzioni che trovi in questo volume sono fatte per la maggior parte con del cartone di colore uniforme, un materiale molto semplice da colorare. Ti basterà utilizzare delle tempere ad acqua o dei colori acrilici per dipingerle e renderle ancora più belle. Poiché il cartone si impregna facilmente di acqua, usa il colore non diluito e stendilo con un pennello o una spugnetta asciutti o appena umidi.

Ricordati che il colore delle tempere ad acqua sbiadisce una volta asciugato, per cui per ottenere una tinta più decisa dovrai stenderlo più di una volta. Il colore acrilico, invece, è molto brillante e basta una sola passata per ottenere un colore vivace.

A seconda degli oggetti che devi colorare, scegli se ottenere una colorazione uniforme oppure no. Nel primo caso, ad esempio per verniciare la carrozzeria delle automobiline (pag. 54) o del razzo spaziale (pag. 14), utilizzerai un colore solo o più colori perfettamente amalgamati. Nel secondo caso, ad esempio per dipingere il mare (pag. 46) oppure il tronco di un albero (pag. 86), userai insieme più colori ma senza mischiarli del tutto. In questo modo otterrai facilmente sfumature e macchie di colore.

Una volta finita la colorazione, potrai rifinire i dettagli con pennarelli a punta fine.
Dipingere è molto divertente e ti permette di personalizzare le tue costruzioni in base alle storie che vuoi realizzare e ai tuoi gusti personali!

DECORARE E RIFINIRE

Bastano pochi elementi decorativi per rendere la tua creazione ancora più bella e più realistica, ma ricordati sempre di utilizzare materiali omogenei e coerenti con la costruzione che vuoi decorare.

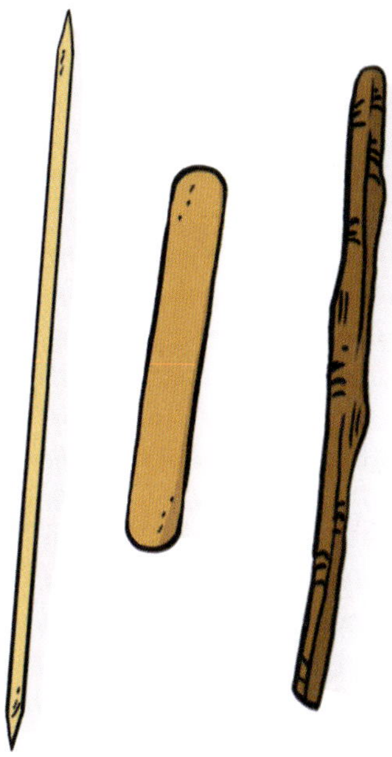

Se il tuo oggetto richiama il mondo della natura e della vita all'aria aperta (come l'albero a pag. 86, la capanna a pag. 78, la casetta sull'albero a pag. 74 o la zattera a pag. 22) usa materiali naturali per le tue rifiniture: rametti, spago, paglia, ecc.

Se la tua costruzione fa parte del mondo della tecnologia e della meccanica (come il razzo spaziale a pag. 14, il gommone a pag. 30, il binocolo a pag. 38, o il cannocchiale a pag. 42) utilizza materiali artificiali e lucidi come la plastica e il polistirolo.

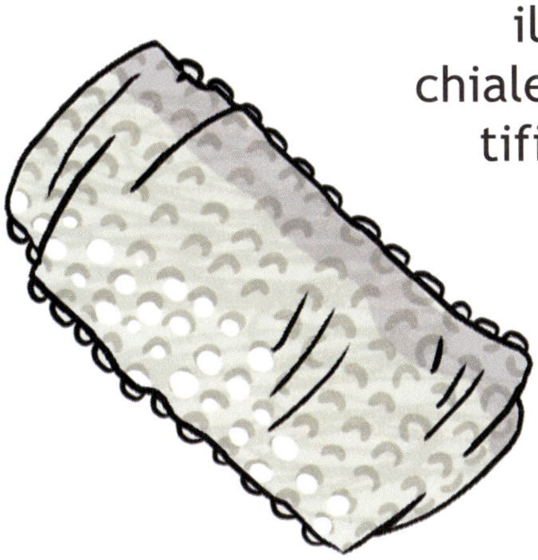

Questi piccoli accorgimenti renderanno i tuoi progetti ancora più veri!

BUON DIVERTIMENTO!

ANCORA QUALCHE IDEA...

Vuoi costruire ancora con i rotoli?
Ecco qualche semplice idea da realizzare in quattro e quattr'otto!
Poi non fermarti, prosegui da solo e inventa tanti altri oggetti da realizzare con rotoli, rotolini e rotoloni!

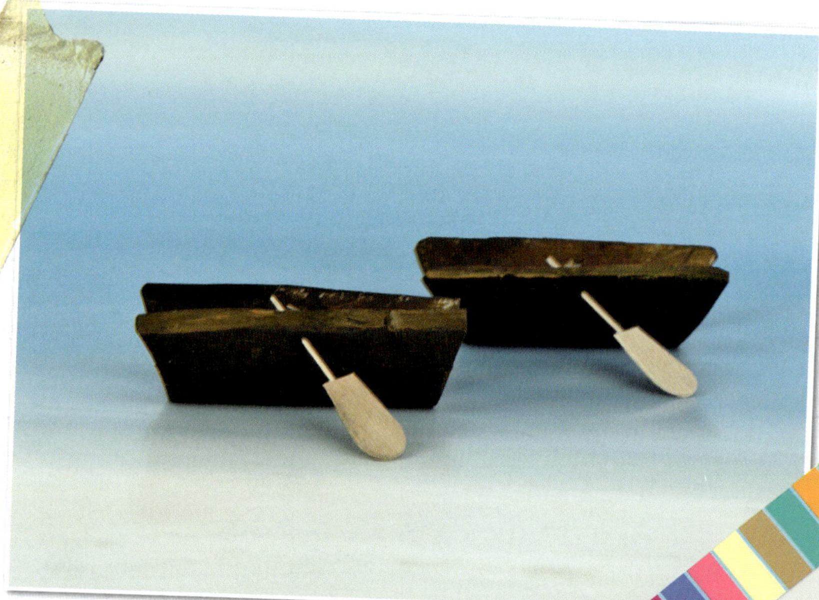

Dividi a metà un rotolo di carta igienica e spuntalo alle estremità per costruire due canoe. Un legnetto del ghiacciolo diviso a metà e 2 stuzzicadenti saranno i remi.

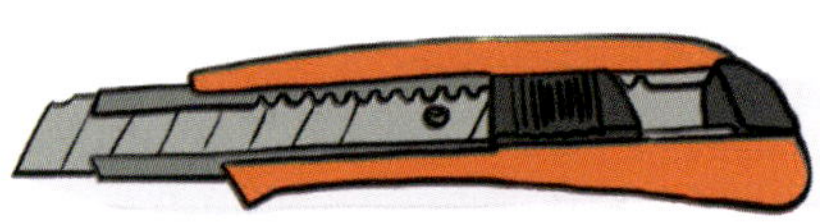

Alcuni rotoli di carta igienica e un po' di cartoncino ti permetteranno di ottenere tutti i portapenne che vorrai e organizzare così penne, pennarelli e matite.

Divertiti ad assemblare insieme più rotoli di grandezza diversa. Realizzerai una bacheca portaoggetti che potrai appendere o sistemare sulla tua scrivania.

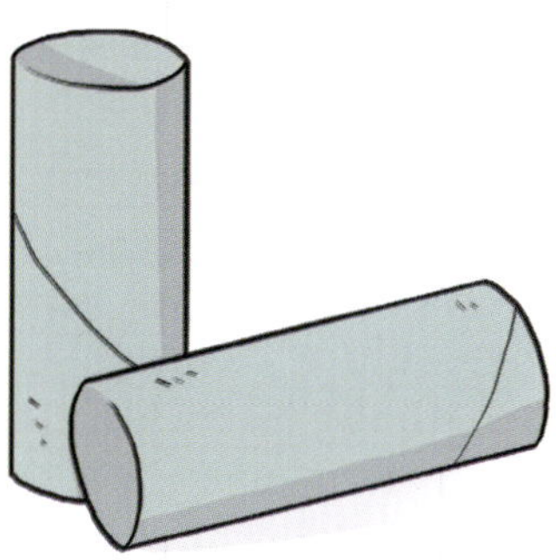

4 rotoli della carta asciugatutto, un po' di cartoncino come base e un gancio per appendere: ecco tutto ciò che ti serve per incorniciare i tuoi ricordi più belli!